Oscar classici

Carlo Goldoni

LA LOCANDIERA

A cura di Guido Davico Bonino
con uno scritto di Giorgio Strehler

OSCAR MONDADORI

© 1983 Arnoldo Mondadori Editore S.p.A., Milano

I edizione Oscar classici agosto 1983

ISBN 978-88-04-50847-2

Questo volume è stato stampato
presso Mondadori Printing S.p.A.
Stabilimento NSM - Cles (TN)
Stampato in Italia. Printed in Italy

Anno 2009 - Ristampa   32 33 34

www.librimondadori.it

la commedia d'amore, ne *La locandiera*, non esiste.
Goldoni aveva già finto di scriverne una, basata sullo
stesso modulo compositivo, ed era *La vedova scaltra*:
ed aveva scritto una commedia di costume, una specie di spaccato «antropologico» sul comportamento
erotico dell'uomo a seconda della sua razza e della
sua cultura: in chiave parodica, s'intende. Qui, servendosi dello stesso pretesto narrativo (una donna,
ambita da due pretendenti, seduce il terzo che la ri-
fiuta), scrive, in realtà, una commedia sull'egoismo
ed egotismo umano, che tenta ad ogni costo di affermare se stesso, sopra e a spese degli altri. Non c'è bisogno di scomodare Freud per capirlo: basta rilegge-
re il testo senza i paraocchi della manualistica più
pigra, che si fece uno scrupolo di tessere l'elogio di
Mirandolina come donna supremamente donna, mi-
to dell'eterno femminino, adorabile seduttrice. Che
Mirandolina seduca Ripafratta, è fuor di dubbio: ma
il punto non è questo. La commedia non è l'apologia
di una «regina di cuori», espressione di un «secolo in
cui, come non mai, la donna fu signora e sovrana»
(cito, a bella posta, un lettore accorto e di gusto sicuro come Attilio Momigliano). *La locandiera* è, sem-
mai, l'impietosa (nonostante il ben noto «tono medio» goldoniano) radiografia di quattro esistenze
alla ricerca di una loro identità. L'uno, un nobile de-
caduto e spiantato, un certo Forlipopoli, la cerca nella stizzosa difesa di un «decoro» ridotto a pura
espressione verbale; l'altro, un tal Albafiorita, crede
di trovarla nel potere portentoso del denaro, da aristocratico dell'ultim'ora, da *parvenu* stracicco; un
terzo, Ripafratta, si ostina a riconoscerla nella sua
altezzosa misantropia, nella sua sdegnata salvatichezza; la quarta, Mirandolina, se la attribuisce, quasi per scommessa, come impareggiabile seduttrice.

Ma quel gran dispendio di egoismo, quella caparbia esibizione egotica non soddisfa nessuno. Usciti di scena, Albafiorita, Forlipopoli, Ripafratta entreranno in un'altra locanda per architettare un'analoga «fiera delle vanità»; rimasta sola in scena, Mirandolina, con quel suo marito-servo d'accatto, non ha altro compenso, per la sua funambolica esibizione, che una bella dose di sgomento, un'ombra di rimorso, l'assillo dell'amarezza.

E qui tocchiamo lo strato più fondo della commedia, quello che non dovette piacere affatto ai contemporanei di Goldoni, che forse infastidì, addirittura, i più conservatori (si pensi a uno spettatore-tipo come il conte Gozzi). Come il titolo recita, nella sua polemica nudità, il motore di tutta questa ridicola e patetica giostra di identità insoddisfatte è, dopotutto, una proprietaria di locanda. Non c'è bisogno, anche qui, di scomodare gli storici (primo fra tutti, il Marino Berengo del magnifico *La società veneta alla fine del Settecento*) per sapere che siamo davanti ad una piccolo-borghese: rappresentante di quella classe mercantile, onesta ed alacre, che è certo la spina dorsale della Repubblica, ma al suo livello più modesto, al livello appunto di quegli albergatori, caffettieri ed osti, che, a Venezia come nell'entroterra, avevano l'obbligo di garantire vitto e alloggio decoroso ai «forestieri nobili e civili».

Ora questa piccolo-borghese, sia pure nello spazio di una dichiarata finzione scenica (anzi, di una «finzione nella finzione», giacché «recita», all'interno della commedia, la parte, esibita, della seduttrice), tiene a bada due nobili e mortifica un «cittadino»: e lo fa con parole, accenti e toni di una certa qual spregiudicata franchezza, a tratti sembra sfogare chissà quale sopito livore, in altri istanti s'abbandona ad un'ira che ha tutta l'aria di non essere finta, di essere, insomma, poco «recitata».

Non appariva, tutto questo, ad occhi indiscreti o ad orecchie prevenute un poco troppo audace? Non rischiava di far credere ad uno spettatore giunto (poniamo) da paesi lontani che quella Firenze-Venezia fosse una città uscita dai cardini, se i suoi equilibri di classe risultavano, almeno a teatro, così sbilanciati? Sono domande che dovette porsi anche Goldoni nel corso della stesura: e questo spiega la fondamentale ambiguità del suo rapporto con Mirandolina, quel misto di attrazione-repulsione, di fascino-fastidio di cui sono permeate, almeno nei primi due atti, tante battute della locandiera o che la riguardano: mentre nel terzo atto le ragioni della prudenza goldoniana sembrano addirittura prevalere, e la scrittura del drammaturgo, persino nel *ductus*, nelle scelte lessicali, pare voler marcare una certa presa di distanza dagli esiti ultimi del suo comportamento: quasi volesse suggerirci che, ferma restando la sua sincera ammirazione per la donna quale possibile nuova componente di una diversa società futura, anch'essa, come ogni individuo civilmente consapevole, non doveva permettersi di travalicare i ben delineati confini della propria classe sociale.

Non è una scelta coraggiosa, certo: ma anche questa ambiguità, questa distanziazione critica è un segno della modernità (nella contraddittorietà) di Goldoni.

Guido Davico Bonino

Cronologia

1707
Carlo Goldoni nasce il 25 febbraio a Venezia, nel quartiere di San Tomá, da Giulio e Margherita Salvioni, quarto di sei fratelli.

1716
Si trasferisce, con il padre medico, a Perugia. Studia nel collegio gesuita retorica e grammatica.

1720
Il padre si trasferisce a Chioggia. Carlo riprende gli studi presso i domenicani di Rimini.

1720-1721
Fugge da Rimini in barca con una compagnia di comici (Florindo de' Maccheroni), per ricongiungersi a Chioggia con la famiglia. Il padre lo rimanda a Venezia, a lavorare come apprendista presso lo studio legale dello zio Gian Paolo Indrich, avvocato.

1723
Viene ammesso al collegio Ghislieri di Pavia e comincia a seguire i corsi di legge dell'università.

1725
A maggio viene espulso dal collegio per aver scritto una satira in versi sulle fanciulle pavesi, *Il colosso*.

1727
Dopo essere stato col padre a Udine, Gorizia e Vipacco nel corso del 1725-26, si trasferisce a Modena con l'intento di terminare gli studi di diritto. Viene però colto da una gravissima crisi di ipocondria che lo costringe a rinunciare al progetto (ha anche pensato di farsi sacerdote).

1728
Ritorna a Chioggia, dove è assunto alla Cancelleria Criminale, con il ruolo di aggiunto al coadiutore.

1729-1730
È a Feltre, come vicecancelliere. Scrive due intermezzi, *Il buon padre* e *La cantatrice*, ed ha alcune avventure amorose.

1731
Il 29 gennaio a Bagnacavallo muore il padre. Carlo torna a Venezia presso la madre e conclude, a Padova, gli studi di diritto (22 ottobre).

1732
Il 20 maggio viene nominato «avvocato veneziano». Scrive il suo primo melodramma, *Amalasunta*, e un intermezzo per Buonafede Vitali, attore-medico.

1733
Per sottrarsi a un'imprudente promessa di matrimonio, e pieno di debiti, fugge a Milano, dove diviene gentiluomo della camera del residente della Repubblica di Venezia Orazio Bartolini. Quando però si aprono le ostilità tra franco-sardi e austriaci, parte da Milano col residente per Crema.

1734
È a Parma, dove assiste alla battaglia di San Pietro, poi a Verona, dove incontra il capocomico Giuseppe Imer, per il quale scrive un intermezzo. A Venezia si impegna con il nobile Grimani, impresario del Teatro San Samuele e del San

Giovanni Crisostomo, a scrivere per il teatro. Incontra anche Antonio Vivaldi, per cui adatta la *Griselda* dello Zeno.

1736
In viaggio con la compagnia Imer, giunge a Genova, dove il 23 agosto sposa Maria Nicoletta Connio, figlia diciannovenne di un agiato notaio.

1737
È nominato direttore del Teatro San Giovanni Crisostomo di Venezia, carica che manterrà per quattro anni.

1738
È l'anno del suo esordio come commediografo col *Momolo cortesan* (in parte ancora a soggetto, per il Pantalone Francesco Golinetti).

1740
È dal 12 dicembre console della Repubblica genovese a Venezia e lo sarà fino al gennaio 1743. Durante questi anni spedisce a Genova da Venezia centootto dispacci, scrivendo per i teatri della sua città.

1743
È l'anno della prima commedia scritta per intero, *La donna di garbo*. A causa di forti debiti, contratti in parte dal fratello Gian Paolo, lascia Venezia per Bologna, e poi per Rimini, dove dirige sotto gli austriaci i teatri cittadini.

1745
Esercita l'avvocatura a Pisa e diviene membro dell'Accademia dell'Arcadia col nome di Polisseno Fegejo. Scrive *Il servitore di due padroni* per il Truffaldino Antonio Sacchi.

1747-1748
Si impegna a scrivere commedie per la compagnia di Girolamo Medebach, capocomico e direttore del Teatro Sant'Angelo a Venezia.

1749
Si apre nell'ottobre la polemica con l'abate-commediografo Pietro Chiari, autore del Teatro San Samuele.

1750
Esce il primo tomo dell'edizione Bettinelli delle commedie (otto tomi, sino al '55). Mantenendo la promessa fatta al pubblico, scrive sedici commedie nuove.

1753
Rottura con il Medebach. Si accorda con il Teatro San Luca, di proprietà del nobile Antonio Vendramin. Il Medebach, a sua volta, assume Pietro Chiari. L'editore Paperini pubblica la seconda raccolta di *Commedie* in dieci tomi (sino al '57).

1754
Ormai divampa la polemica con il Chiari. Viene colpito da un forte esaurimento nervoso, in coincidenza con la morte della madre.

1756
Durante l'estate Carlo si reca a Parma, alla corte dei Borbone. Viene nominato «poeta di corte» (con pensione annua) dal duca don Filippo.

1757
L'editore Francesco Pitteri pubblica a Venezia il primo tomo del *Nuovo teatro comico* (dieci tomi sino al '63). Ora si apre un nuovo fronte di polemica con il conte e drammaturgo Carlo Gozzi.

1758
Parte per Roma, dove risiede sette mesi lavorando per il Teatro Capranica e per quello di Tordinona.

1760
Al Teatro San Luca si rappresentano alcune delle più importanti commedie di Goldoni. Voltaire sulla «Gazzetta Veneta» del 12 luglio gli indirizza versi d'elogio.

1761
Al Teatro San Samuele, nel copione della commedia *L'amore delle tre melarance* di Carlo Gozzi, questi attacca pubblicamente Chiari e Goldoni. L'editore Pasquali comincia la pubblicazione delle *Opere complete* di Goldoni (diciassette tomi sino al '78). La Comédie Italienne di Parigi lo invita in Francia.

1762
In aprile Carlo parte per Parigi con la moglie e il nipote Antonio.

1763
Compone svariate commedie a soggetto in francese per gli attori italiani, dall'esito diverso.

1765
Nominato da Luigi XV maestro di lingua italiana della principessa Adelaide, si trasferisce a Versailles. Verso la fine dell'anno è colpito da un mal d'occhi, che lo lascerà cieco all'occhio sinistro.

1769
Il re gli concede una modesta pensione annua e Carlo rientra a Parigi.

1771
Avviene l'incontro con Jean-Jacques Rousseau.

1775
Torna a Versailles, dove insegna italiano alle sorelle di Luigi XV, Clotilde ed Elisabetta. Vi risiede per cinque anni, continuando a scrivere.

1778
A Parigi incontra finalmente Voltaire, peregrino a lungo altrove.

1780
Decide di tornare a Parigi. Per ottenere il denaro necessario vende al nobile Gradenigo parte della sua biblioteca: quattrocento volumi, grandi e piccoli, con figure e senza.

1784
Comincia la stesura dei *Mémoires pour servir à l'histoire de sa vie et à celle de son théâtre*. Riceve la visita di Vittorio Alfieri.

1787
Pubblica i *Mémoires* in tre volumi con dedica al re Luigi XVI.

1788
Presso l'editore veneziano Zatta inizia la pubblicazione dei quarantaquattro tomi delle *Opere teatrali* (sino al '95).

1791
Quasi cieco, assai indigente, di salute malferma, traduce l'*Histoire de Miss Jenny* di Madame Riccoboni.

1792
L'Assemblea legislativa abolisce con un decreto le pensioni di corte. Goldoni si ritrova in uno stato di povertà.

1793
Muore il 7 febbraio (al n. 1 di rue Pavé Saint-Saveur). Le sue ossa sono andate disperse.

1795
Muore Nicoletta, che – per intervento di Marie-Joseph Chenier, fratello di André – ha riavuto dalla Convenzione la pensione annua.

Bibliografia

Le commedie di Goldoni

1738: *L'uomo di mondo* (col titolo *Momolo cortesan*, Venezia, Teatro San Samuele).

1739-1740: *Il prodigo* (col titolo *Momolo sulla Brenta*, Venezia, Teatro San Samuele).

1741: *La bancarotta* (col titolo *Il mercante fallito*, Venezia, Teatro San Samuele).

1743: *La donna di garbo* (Venezia, Teatro San Samuele).

1745: *Il servitore di due padroni* (Milano).

1747: *Il frappatore* (col titolo *Tonin Bellagrazia*, Livorno); *I due gemelli veneziani* (Venezia, Teatro San Samuele).

1748-1749: *L'uomo prudente* (Mantova); *L'erede fortunata* (Venezia, Teatro Sant'Angelo); *La vedova scaltra* (Modena [?]); *La putta onorata* (Venezia, Teatro Sant'Angelo).

1749-1750: *Il cavaliere e la dama* (Verona); *Il padre di famiglia* (Venezia, Teatro Sant'Angelo); *La buona moglie* (Venezia, Teatro Sant'Angelo), *L'avvocato veneziano* (col titolo *L'avvocato*, Venezia, Teatro Sant'Angelo [?]); *La famiglia dell'antiquario* (Venezia, Teatro Sant'Angelo).

1750-1751: *Il teatro comico* (Milano); *Le femmine puntigliose* (Mantova); *La bottega del caffè* (Mantova); *Il bugiardo* (Mantova); *L'adulatore* (Mantova); *Il poeta fanatico* (col titolo *I Poeti*, Milano); *La Pamela* (col titolo *La Pamela, o sia la virtù premiata* [?], Milano [?]); *Il cavaliere di buon gusto* (Venezia, Teatro Sant'Angelo); *Il giuocatore* (Venezia, Teatro Sant'Angelo); *Il vero amico* (Venezia, Teatro Sant'Angelo); *La finta ammalata* (col titolo *Lo speziale o sia la finta ammalata*, Venezia, Teatro Sant'Angelo); *La dama prudente* (Venezia, Teatro Sant'Angelo); *L'incognita* (Venezia, Teatro Sant'Angelo); *L'avventuriere onorato* (Venezia, Teatro Sant'Angelo); *La dama volubile* (Venezia, Teatro Sant'Angelo); *I pettegolezzi delle donne* (Venezia, Teatro Sant'Angelo); *Il Molière* (Torino).

1751-1752: *La castalda* (Venezia, Teatro Sant'Angelo); *L'amante militare* (Venezia, Teatro Sant'Angelo); *Il tutore* (Venezia, Teatro Sant'Angelo); *La moglie saggia* (Venezia, Teatro Sant'Angelo); *Il feudatario* (Venezia, Teatro Sant'Angelo); *Le donne gelose* (Venezia, Teatro Sant'Angelo).

1752-1753: *La serva amorosa* (Bologna); *I puntigli domestici* (Milano); *La figlia obbediente* (Venezia, Teatro Sant'Angelo); *I mercanti* (col titolo *I due Pantaloni*, Venezia, Teatro Sant'Angelo); *La locandiera* (Venezia, Teatro Sant'Angelo); *Le donne curiose* (Venezia, Teatro Sant'Angelo); *Il contrattempo* (Venezia, Teatro Sant'Angelo); *La donna vendicativa* (Venezia, Teatro Sant'Angelo).

1753-1754: *La donna di testa debole* (col titolo *L'uomo sincero* [Livorno]); *Il geloso avaro* (Livorno); *La cameriera brillante* (Venezia, Teatro San Luca); *Il filosofo inglese* (Venezia, Teatro San Luca); *Il vecchio bizzarro* (col titolo *El vecchio cortesan*, Venezia, Teatro San Luca); *La madre amorosa* (Venezia, Teatro San Luca); *Il festino* (Venezia, Teatro San Luca); *L'impostore* (Modena).

1754-1755: *Terenzio* (Venezia, Teatro San Luca); *Torquato Tasso* (Venezia, Teatro San Luca); *Il cavalier giocondo* (col titolo *I viaggiatori*, Venezia, Teatro San Luca); *Le massère* (col titolo *Le quattro massère*, Venezia, Teatro San Luca); *I Malcontenti* (Verona).

1755-1756: *La buona famiglia* (Venezia, Teatro San Luca); *Le donne de casa soa* (Venezia, Teatro San Luca); *La villeggiatura* (Venezia, Teatro San Luca); *Il raggiratore* (Venezia, Teatro San Luca); *La donna stravagante* (Venezia, Teatro San Luca); *Il campiello* (Venezia, Teatro San Luca); *L'avaro* (Bologna).

1756-1757: *L'amante di se medesimo* (Milano); *Il medico*

olandese (Milano); *La donna sola* (Venezia, Teatro San Luca); *Il cavaliere di spirito* (Venezia, Teatro San Luca).

1757-1758: *La vedova spiritosa* (Venezia, Teatro San Luca); *Il padre per amore* (Venezia, Teatro San Luca); *Lo spirito di contraddizione* (Venezia, Teatro San Luca); *Il ricco insidiato* (Venezia, Teatro San Luca); *L'apatista o sia l'indifferente* (Zola); *La donna bizzarra* (Zola).

1758-1759: *Le morbinose* (Venezia, Teatro San Luca); *La sposa sagace* (Venezia, Teatro San Luca); *La donna di governo* (Venezia, Teatro San Luca); *La donna forte* (col titolo di *La sposa fedele*, Venezia, Teatro San Luca); *I morbinosi* (Venezia, Teatro San Luca).

1759-1760: *La scuola di ballo* (Venezia, Teatro San Luca); *Gli innamorati* (Venezia, Teatro San Luca); *Pamela maritata* (Roma); *L'impresario delle Smirne* (Venezia, Teatro San Luca); *La guerra* (Venezia, Teatro San Luca); *I rusteghi* (Venezia, Teatro San Luca).

1760-1761: *Un curioso accidente* (Venezia, Teatro San Luca); *La donna di maneggio* (Venezia, Teatro San Luca); *La casa nova* (Venezia, Teatro San Luca); *La buona madre* (Venezia, Teatro San Luca).

1761-1762: *Le smanie per la villeggiatura*, *Le avventure della villeggiatura*, *Il ritorno dalla villeggiatura* (Venezia, Teatro San Luca); *La scozzese* (Venezia, Teatro San Luca); *Il buon compatriotto* (Venezia, Teatro San Luca); *Le baruffe chiozzotte* (Venezia, Teatro San Luca); *Una delle ultime sere di Carnovale* (Venezia, Teatro San Luca); *L'osteria della posta* (Zola).

1762-1763: *L'amore paterno* (Parigi).

1763-1764: *Il matrimonio per concorso*; *Gli amori di Zelinda e Lindoro* (col titolo *Gli amori di Arlecchino e di Camilla*, Parigi); *La gelosia di Lindoro* (col titolo *La gelosia di Arlecchino*, Parigi); *Le inquietudini di Zelinda* (col titolo *Le inquietudini di Camilla*, Parigi).

1764-1765: *La burla retrocessa nel contraccambio* (Villa Predosa [?]); *Gli amanti timidi* (Venezia, Teatro San Luca); *Il ventaglio* (Venezia, Teatro San Luca); *Chi la fa l'aspetta o sia i chiassetti del carneval* (Venezia, Teatro San Luca).

1767: *Il genio buono e il genio cattivo* (Venezia, Teatro San Giovanni Crisostomo).

1771: *Le bourru bienfaisant* (Parigi).

1772: *L'avare fastueux* (messa in scena nel 1786, Fontaine-bleau); *L'avaro fastoso* (traduzione della precedente, messa in scena tra il 1776-1778, Venezia).

1789: *Il burbero di buon cuore.*

Edizioni moderne delle opere

Opere complete di C. Goldoni edite dal Municipio di Venezia nel II centenario della nascita, a cura di G. Ortolani, con la collaborazione di C. Musatti ed E. Maddalena, Tip. Già Zanetti, Tip. La Commerciale, Venezia 1907-1960, 40 voll.

Tutte le opere di Carlo Goldoni, a cura di G. Ortolani, Mondadori, Milano 1935-1956, 14 voll.

Commedie, a cura di G. Petronio, Rizzoli, Milano 1958 (2ª ed.: 1971).

Commedie, a cura di M. Dazzi, Laterza, Bari 1961.

Memorie, prefazione e traduzione di E. Levi, Einaudi, Torino 1967.

Opere, a cura di G. Folena e N. Mangini, Mursia, Milano 1969 (9ª ed. 1996).

I capolavori di C. Goldoni, a cura di P. Gibellini, Mondadori, Milano 1970.

Commedie, a cura di M. Mangini, UTET, Torino 1971.

Commedie, a cura di K. Ringger, Einaudi, Torino 1972, 4 voll.

Memorie, con un'appendice di scritti goldoniani, traduzione di E. Levi, a cura di G. Davico Bonino, Einaudi, Torino 1993.

Memorie, a cura di P. Bosisio, Mondadori, Milano 1993.

Studi critici

Ortolani, G., *Della vita e dell'arte di C. Goldoni*, Istituto veneto di Arti Grafiche, Venezia 1907.

Chatfield-Taylor, H.C., *Goldoni. A Biography*, Duffield and C., New York 1913.

Musatti, C., *Carlo Goldoni e il vocabolario veneziano*, in «Ateneo Veneto», XXXVI, 1913.

Croce, B., *La commedia dell'arte*, in *Conversazioni critiche*, Serie II, Bari 1918.

Momigliano, A., *Primi studi goldoniani*, Firenze 1922.

Nardi, P., *L'arte di Carlo Goldoni*, in «Rivista d'Italia», XXVIII, 1925.

Valeri, N., *Intorno al Goldoni*, in «Civiltà moderna», III, 1931.

Bacchelli, R., *Confessioni letterarie*, Milano 1932.

Gimmelli, E., *La poesia di Goldoni*, Pisa-Roma 1941.

Angelini, F., *Per una storia del teatro goldoniano: le commedie giovanili*, in «Arena», luglio-dicembre 1955.

Dazzi, M., *Carlo Goldoni e la sua poetica sociale*, Torino 1957.

Folena, G., *Per un vocabolario del veneziano di Goldoni*, in «Atti dell'Istituto Veneto di Scienze, Lettere e Arti», CXVII, 1958-1959.

Branca, V. – Mangini, M., *Studi Goldoniani*, Istituto per la collaborazione culturale, Venezia-Roma 1960.

Russo, L., *Il teatro di Carlo Goldoni*, in «Belfagor», XV, 1960.

Petronio, G., *Introduzione a Goldoni*, in *Dall'Illuminismo al Verismo. Saggi e proposte*, Manfredi, Palermo 1962.

Binni, W., *La misura umana di Goldoni*, in *Classicismo e neoclassicismo nella letteratura del Settecento*, La Nuova Italia, Firenze 1963.

Baratto, A., *Tre saggi sul teatro*, Neri Pozza, Venezia 1964.

Mangini, N., *Goldoni*, Seghers, Paris 1969.

Ferrante, L., *Goldoni*, Milano 1971.

Holme, T., *A Servant of Many Masters. The Life and Times of Carlo Goldoni*, Jupiter, London 1976.

Jonard, N., *Goldoni et le drame bourgeois*, in «Revue de Littérature Comparée», LI, 4, 1977.

Theile, W., *Goldoni*, Wissenschaft Buchgesellschaft, Darmstadt 1977.

Steele, E., *Carlo Goldoni, Life, Work and Times*, Longo, Ravenna 1981.

Borsellino, N., *L'interpretazione goldoniana. Critica e messinscena*, Officina Edizioni, Roma 1982.

Padoan, G., *L'esordio di Goldoni: la conquista della moralità*, in «Lettere Italiane», XXXV, 1983.

Paladini Volterra, A., *Verso una moderna produzione teatrale*, in «Quaderni di teatro», V, 20, 1983.

Romagnoli, S., *Nel laboratorio teatrale di Carlo Goldoni («Il teatro comico»)*, in *La buona compagnia. Studi sulla letteratura italiana del Settecento*, Franco Angeli, Milano 1983.

Baratto, M., *La letteratura teatrale del Settecento in Italia*, Neri Pozza, Vicenza 1985.

Mamczarz, I., *Esperienze e innovazioni nel teatro di Carlo Goldoni prima della riforma del 1748*, in «Studi Goldoniani», 8, 1988.

Steward, P.D., *Goldoni fra letteratura e teatro*, Olschki, Firenze 1989.

Guccini, G., *La vita non scritta di Carlo Goldoni: Prolegomeni e indizi*, in «Medioevo e Rinascimento», VI, 1992.

Guidotti, A., *Goldoni par lui-même. Commedie, prefazioni, autobiografia*, Edizioni dell'Orso, Torino 1992.

Folena, G., *Vocabolario del veneziano di Carlo Goldoni*, redazione a cura di Daniela Sacco, Patrizia Borghesan, Istituto della Enciclopedia italiana, Roma 1993.

AA.VV., «*Problemi di critica goldoniana*», Longo, Ravenna 1994-2005.

Ronfani, U. (a cura di), *Goldoni vivo*, Presidenza del Consiglio dei ministri, Dipartimento per l'informazione e l'editoria, Roma 1994.

Scannapieco, A., «*Io non soglio scrivere per le stampe...*»: *genesi e prima configurazione della prassi editoriale goldoniana*, in «Quaderni veneti», 20, 1994.

Alberti, C. – Pizzamiglio, G. (a cura di), *Carlo Goldoni 1793-1993: atti del Convegno del bicentenario*, Venezia, 11-13 aprile 1994, Regione del Veneto, Venezia 1995.

Fido, F., *Le inquietudini di Goldoni: saggi e letture*, Costa & Nolan, Genova 1995.

Olsen, M., *Goldoni et le drame bourgeois*, L'Erma di Bretschneider, Roma 1995.

Saulini, M., *Indagine sulla donna in Goldoni e Gozzi*, Bulzoni, Roma 1995.

Alberti, C. – Herry, G. (a cura di), *Carlo Goldoni: tra libro e scena*, Il Cardo, Venezia 1996.

Angelini, F. (a cura di), *Memorie di Goldoni e memoria del teatro*, Bulzoni Roma 1996.

Anglani, B., *Le passioni allo specchio: autobiografie goldoniane*, Kepos, Roma 1996.

Bellini, G., *Goldoni e la commedia*, Laterza, Roma 1996.

De Troja, E., *Goldoni, la scrittura, le forme*, Bulzoni, Roma 1997.

Spezzani, P., *Dalla commedia dell'arte a Goldoni. Studi linguistici*, Esedra, Padova 1997.

Crotti, I., *Libro, mondo, teatro: saggi goldoniani*, Marsilio, Venezia 2000.

Fido, F., *Nuova guida a Goldoni: teatro e società nel Settecento*, Einaudi, Torino 2000.

Ajello, E., *Carlo Goldoni: l'esattezza e lo sguardo*, Edisud, Salerno 2001.

Padoan, G., *Putte, zanni, rusteghi: scena e testo nella commedia goldoniana*, a cura di I. Crotti, G. Pizzamiglio, P. Vescovo, Longo, Ravenna 2001.

Herry, G., *Goldoni a Venise: la passion du poète*, H. Champion, Paris 2002.

Scognamiglio, G., *Ritratti di donna nel teatro di Carlo Goldoni*, Edizioni Scientifiche Italiana, Napoli 2002.

Steindl, E., *Pamela im Wandel: Carlo Goldonis Bearbeitungen des Romans Pamela: or, Virtue Rewarde von Samuel Richardson*, Peter Lang, Frankfurt am Main 2002.

Kipper, Ch., *Musikalische Aktion in der Opera buffa: Il mercato di Malmantile von Carlo Goldoni*, Peter Lang, Frankfurt am Main 2003.

La locandiera

Commedia di tre atti in prosa,
rappresentata per la prima volta in Venezia
nel Carnovale dell'anno 1753

Quando mi proposi, Illustrissimo Signor Senatore, *di consagrare a Voi una delle mie Commedie, a solo fine di decorare le Opere mie con un sì illustre venerato nome, non pensai che ciò fare da me dovevasi, accompagnando la Commedia con una lettera. Ora ch'io prendo la penna in mano per farlo, conosco quanto malagevole cosa sia lo scrivere ad un personaggio, quale Voi siete, riguardevole per tanti titoli e per tante ragioni, unendosi in Voi tre qualità eccellenti, di perfetto Ministro, di saggio Filosofo e di eruditissimo Letterato. Della prima qualità insigne, che vale a dire dell'onorevole presente carico che sostenete, non è da me il favellarne, eco facendo soltanto alle voci comuni che vi applaudiscono, e a quelle ancor più precisamente, che dalla Cesarea Corte derivano; potendosi dir di Voi, che quelli unicamente amici Vostri non sieno, li quali nemici sono della verità e della ragione. Del modo Vostro savissimo di pensare, della letteratura ed erudizione Vostra, posso con maggior fondamento fra me medesimo ragionare, poiché ammesso avendomi Voi benignamente all'amabile conversazione Vostra, deggio con verità asserire, non essermi da Voi alcuna fiata diviso, senza l'acquisto di qualche fondata massima, di qualche erudizione novella. Il felicissimo talento Vostro, oltre il dono di una facile e viva penetrazio-*

ne, ha quello ancora di una perfetta comunicativa, onde chi ha la fortuna di poter conversare con Voi, non si ferma soltanto nell'ammirarvi, ma ne riporta profitto. Voi sapete agli studi più seri unire i più dilettevoli; avete parlato meco della Commedia in una maniera che mi ha sorpreso; ed ho raccolto dai Vostri ragionamenti delle cognizioni, delle massime e delle notizie, che mi hanno arricchito la fantasia, ed illuminato la mente.

Con questo picciolissimo cenno di quanto ho potuto scorgere in Voi di luminoso e di grande, ragionevole non sarà poi l'apprensione mia d'inviare a Voi, per iscorta della Commedia che vi presento, quest'umile riverente mio foglio?

Io non ho il dono che Voi avete di restringere il molto in poco; manca a me quel brio, quella vivacità, quella prontezza di spirito, che brilla nei Vostri ragionamenti, ed egualmente s'ammira ne' Vostri scritti; onde conoscendo me stesso e l'altissima sproporzione che da Voi mi allontana, arrossisco nel comparirvi dinanzi, rozzo nello stile qual sono, e scarsissimo di concetti.

Pure fia necessario che qualche cosa io vi scriva, raccomandando alla protezione Vostra questa Commedia mia, che ha per titolo La Locandiera. Fatto questo, lo che in due sole righe consiste, miglior consiglio reputo per me certamente fermar la penna, anzi che sconciatamente adoprarla. Volea parlarvi della Commedia medesima che vi presento: ma s'ella ha qualche cosa di buono, lo rileverete Voi assai meglio di quel ch'io vaglia a descriverla; e vanamente studierei di giustificarla nei suoi difetti, poiché questi da Voi saranno con fondamento a mio rossor conosciuti. Spero bene, ciò non ostante, essere da Voi compatito per due ragioni: la prima, perché un Cavaliere benignissimo ed *amoroso Voi siete, il quale quanto più è dotto, sa maggiormente le imperfezioni degli uomini condonare; ed in secondo luogo, perché niuno meglio di Voi sa conoscere quanto malagevole cosa sia la formazione di una Commedia, e a quante leggi vada ella soggetta, e quanto facilmente nel dipingere la natura si possano prendere degli abbagli. Se dunque non ho coraggio di favellare di me, come arrischiarmi potrei a ragionare qualche poco di Voi? In una lettera che precede, e dedica, ed offerisce un'Opera, qualunque siasi, pare necessarissimo l'elogio del Mecenate. Io mi confesso volonteroso di farlo, ma incapace di mettere la volontà mia in effetto. Entrar io non posso, senza confondermi, nelle dignità, nelle glorie dell'antichissima Vostra Famiglia, e molto meno delle infinite eroiche virtù che vi adornano ragionare potrei. Appresi sin da principio difficilissimo cotale impegno. Ho empito un foglio non saprei dire io medesimo di quai parole. Inutili forse tutte, fuori di queste ultime, colle quali vi chiedo dell'ardir mio umilmente perdono, raccomando me e la Commedia mia all'altissima protezione Vostra, e con profondissimo ossequio umilmente m'inchino*

Di V.S. Illustriss. e Clariss.

Umiliss. Devotiss. e Obbligatiss. Serv.
CARLO GOLDONI

L'autore a chi legge

Fra tutte le Commedie da me sinora composte, starei per dire essere questa la più morale, la più utile, la più istruttiva. Sembrerà ciò essere un paradosso a chi soltanto vorrà fermarsi a considerare il carattere della *Locandiera*, e dirà anzi non aver io dipinto altrove una donna più lusinghiera, più pericolosa di questa. Ma chi rifletterà al carattere e agli avvenimenti del Cavaliere, troverà un esempio vivissimo della presunzione avvilita, ed una scuola che insegna a fuggire i pericoli, per non soccombere alle cadute.

Mirandolina fa altrui vedere come s'innamorano gli uomini. Principia a entrar in grazia del disprezzator delle donne, secondandolo nel modo suo di pensare, lodandolo in quelle cose che lo compiacciono, ed eccitandolo perfino a biasimare le donne istesse. Superata con ciò l'avversione che aveva il Cavaliere per essa, principia a usargli delle attenzioni, gli fa delle finezze studiate, mostrandosi lontana dal volerlo obbligare alla gratitudine. Lo visita, lo serve in tavola, gli parla con umiltà e con rispetto, e in lui veggendo scemare la ruvidezza, in lei s'aumenta l'ardire. Dice delle tronche parole, avanza degli sguardi, e senza ch'ei se ne avveda, gli dà delle ferite mortali. Il pover'uomo conosce il pericolo, e lo vorrebbe fuggire, ma la femmina accorta con due lagrimette l'arresta, e con uno svenimento l'atterra, lo precipita, l'avvilisce. Pare impossibile, che in poche ore un uomo possa innamorarsi a tal segno: un uomo, aggiungasi, disprezzator delle donne, che mai ha seco loro trattato; ma appunto per questo più facilmente egli cade, perché sprezzandole senza conoscerle, e non sapendo quali sieno le arti loro, e dove fondino la speranza de' loro trionfi, ha creduto che bastar gli dovesse a difendersi la sua avversione, ed ha offerto il petto ignudo ai colpi dell'inimico.

Io medesimo diffidava quasi a principio di vederlo innamorato ragionevolmente sul fine della Commedia, e pure, condotto dalla natura, di passo in passo, come nella Commedia si vede, mi è riuscito di darlo vinto al fine dell'Atto secondo.

Io non sapeva quasi cosa mi fare nel terzo, ma venutomi in mente, che sogliono coteste lusinghiere donne, quando vedono ne' loro lacci gli amanti, aspramente trattarli, ho voluto dar un esempio di questa barbara crudeltà, di questo ingiurioso disprezzo con cui si burlano dei miserabili che hanno vinti, per mettere in orrore la schiavitù che si procurano gli sciagurati, e rendere odioso il carattere delle incantatrici Sirene. La Scena dello *stirare*, allora quando la Locandiera si burla del Cavaliere che languisce, non muove gli animi a sdegno contro colei, che dopo averlo innamorato l'insulta? Oh bello specchio agli occhi della gioventù! Dio volesse che io medesimo cotale specchio avessi avuto per tempo, che non avrei veduto ridere del mio pianto qualche barbara Locandiera. Oh di quante Scene mi hanno provveduto le mie vicende medesime!... Ma non è il luogo questo né di vantarmi delle mie follie, né di pentirmi delle mie debolezze. Bastami che alcun mi sia grato della lezione che gli offerisco. Le donne che oneste sono, giubileranno anch'esse che si smentiscano codeste simulatrici, che disonorano il loro sesso, ed esse femmine lusinghiere arrossiranno in guardarmi, e non m'importa che mi dicano nell'incontrarmi: che tu sia maledetto!

Deggio avvisarvi, Lettor carissimo, di una picciola mutazione, che alla presente Commedia ho fatto. Fabrizio, il cameriere della Locanda, parlava in veneziano, quando si recitò la prima volta; l'ho fatto allora per comodo del personaggio, solito a favellar da Brighella; ove l'ho convertito in toscano, sendo disdicevole cosa introdurre senza necessità in una Commedia un linguaggio straniero. Ciò ho voluto avvertire, perché non so come la stamperà il Bettinelli; può essere ch'ei si serva di questo mio originale, e Dio lo voglia, perché almeno sarà a dover penneggiato. Ma lo scrupolo ch'ei si è fatto di stampare le cose mie come io le ho abbozzate, lo farà trascurare anche questa comodità.

Personaggi

IL CAVALIERE DI RIPAFRATTA
IL MARCHESE DI FORLIPOPOLI
IL CONTE D'ALBAFIORITA
MIRANDOLINA *locandiera*
ORTENSIA ⎱ *comiche*
DEJANIRA ⎰
FABRIZIO *cameriere di locanda*
SERVITORE *del Cavaliere*
SERVITORE *del Conte*

La Scena si rappresenta in Firenze, nella locanda di Mirandolina.

Atto primo

Sala di locanda.
Il Marchese di Forlipopoli ed il Conte d'Albafiorita

MARCHESE Fra voi e me vi è qualche differenza.

CONTE Sulla locanda tanto vale il vostro denaro, quanto vale il mio.

MARCHESE Ma se la locandiera usa a me delle distinzioni, mi si convengono più che a voi.

CONTE Per qual ragione?

MARCHESE Io sono il marchese di Forlipopoli.

CONTE Ed io sono il conte d'Albafiorita.

MARCHESE Sì, conte! Contea comprata.

CONTE Io ho comprata la contea, quando voi avete venduto il marchesato.

MARCHESE Oh basta: son chi sono, e mi si deve portar rispetto.

CONTE Chi ve lo perde il rispetto? Voi siete quello, che con troppa libertà parlando...

MARCHESE Io sono in questa locanda, perché amo la locandiera. Tutti lo sanno, e tutti devono rispettare una giovane che piace a me.

CONTE Oh, questa è bella! Voi mi vorreste impedire ch'io amassi Mirandolina? Perché credete ch'io sia in Firenze? Perché credete ch'io sia in questa locanda?

MARCHESE Oh bene. Voi non farete niente.

CONTE Io no, e voi sì?

MARCHESE Io sì, e voi no. Io son chi sono. Mirandolina ha bisogno della mia protezione.

CONTE Mirandolina ha bisogno di denari, e non di
protezione.

MARCHESE Denari?... non ne mancano.

CONTE Io spendo uno zecchino il giorno, signor Marchese, e la regalo continuamente.

MARCHESE Ed io quel che fo non lo dico.

CONTE Voi non lo dite, ma già si sa.

MARCHESE Non si sa tutto.

CONTE Sì, caro signor Marchese, si sa. I camerieri lo
dicono. Tre paoletti il giorno.

MARCHESE A proposito di camerieri; vi è quel cameriere che ha nome Fabrizio, mi piace poco. Parmi
che la locandiera lo guardi assai di buon occhio.

CONTE Può essere che lo voglia sposare. Non sarebbe
cosa mal fatta. Sono sei mesi che è morto il di lei
padre. Sola una giovane alla testa di una locanda
si troverà imbrogliata. Per me, se si marita, le ho
promesso trecento scudi.

MARCHESE Se si mariterà, io sono il suo protettore, e
farò io... E so io quello che farò.

CONTE Venite qui: facciamola da buoni amici. Dia
mole trecento scudi per uno.

MARCHESE Quel ch'io faccio, lo faccio segretamen-
te, e non me ne vanto. Son chi sono. Chi è di là?
(*chiama*)

CONTE (Spiantato! Povero e superbo!) (*da sé*)

SCENA SECONDA
Fabrizio e detti

FABRIZIO Mi comandi, signore. (*al Marchese*)

MARCHESE Signore? Chi ti ha insegnato la creanza?

FABRIZIO La perdoni.

CONTE Ditemi: come sta la padroncina? (*a Fabrizio*)

FABRIZIO Sta bene, illustrissimo.

MARCHESE È alzata dal letto?

FABRIZIO Illustrissimo sì.

MARCHESE Asino.

FABRIZIO Perché, illustrissimo signore?

MARCHESE Che cos'è questo illustrissimo?

FABRIZIO È il titolo che ho dato anche a quell'altro cavaliere.

MARCHESE Tra lui e me vi è qualche differenza.

CONTE Sentite? (*a Fabrizio*)

FABRIZIO (Dice la verità. Ci è differenza: me ne accorgo nei conti.) (*piano al Conte*)

MARCHESE Di' alla padrona che venga da me, che le ho da parlare.

FABRIZIO Eccellenza sì. Ho fallato questa volta?

MARCHESE Va bene. Sono tre mesi che lo sai; ma sei un impertinente.

FABRIZIO Come comanda, Eccellenza.

CONTE Vuoi vedere la differenza che passa fra il Marchese e me?

MARCHESE Che vorreste dire?

CONTE Tieni. Ti dono uno zecchino. Fa che anch'egli te ne doni un altro.

FABRIZIO Grazie, illustrissimo. (*al Conte*) Eccellenza... (*al Marchese*)

MARCHESE Non getto il mio, come i pazzi. Vattene.

FABRIZIO Illustrissimo signore, il cielo la benedica. (*al Conte*) Eccellenza. (Rifinito. Fuor del suo paese

non vogliono esser titoli per farsi stimare, vogliono esser quattrini.) (*da sé, parte*)

SCENA TERZA
Il Marchese ed il Conte

MARCHESE Voi credete di soverchiarmi con i regali,
ma non farete niente. Il mio grado val più di tutte
le vostre monete.

CONTE Io non apprezzo quel che vale, ma quello che
si può spendere.

MARCHESE Spendete pure a rotta di collo. Mirandolina non fa stima di voi.

CONTE Con tutta la vostra gran nobiltà, credete voi di
essere da lei stimato? Vogliono esser denari.

MARCHESE Che denari? Vuol esser protezione. Esser
buono in un incontro di far un piacere.

CONTE Sì, esser buoni in un incontro di prestar cento
doppie.

MARCHESE Farsi portar rispetto bisogna.

CONTE Quando non mancano denari, tutti rispettano.

MARCHESE Voi non sapete quel che vi dite.

CONTE L'intendo meglio di voi.

SCENA QUARTA
Il Cavaliere di Ripafratta dalla sua camera, e detti

CAVALIERE Amici, che cos'è questo romore? Vi è qualche dissensione fra di voi altri?

CONTE Si disputava sopra un bellissimo punto.

MARCHESE Il Conte disputa meco sul merito della nobiltà. (*ironico*)

CONTE Io non levo il merito alla nobiltà: ma sostengo, che per cavarsi dei capricci, vogliono esser denari.

CAVALIERE Veramente, Marchese mio...

MARCHESE Orsù, parliamo d'altro.

CAVALIERE Perché siete venuti a simil contesa?

CONTE Per un motivo il più ridicolo della terra.

MARCHESE Sì, bravo! il Conte mette tutto in ridicolo.

CONTE Il signor Marchese ama la nostra locandiera. Io l'amo ancor più di lui. Egli pretende corrispondenza, come un tributo alla sua nobiltà. Io la spero, come una ricompensa alle mie attenzioni. Pare a voi che la questione non sia ridicola?

MARCHESE Bisogna sapere con quanto impegno io la proteggo.

CONTE Egli la protegge, ed io spendo. (*al Cavaliere*)

CAVALIERE In verità non si può contendere per ragione alcuna che lo meriti meno. Una donna vi altera? vi scompone? Una donna? che cosa mai mi convien sentire? Una donna? Io certamente non vi è pericolo che per le donne abbia che dir con nessuno. Non le ho mai amate, non le ho mai stimate, e ho sempre creduto che sia la donna per l'uomo una infermità insopportabile.

MARCHESE In quanto a questo poi, Mirandolina ha un merito estraordinario.

CONTE Sin qua il signor Marchese ha ragione. La nostra padroncina della locanda è veramente amabile.

MARCHESE Quando l'amo io, potete credere che in lei vi sia qualche cosa di grande.

CAVALIERE In verità mi fate ridere. Che mai può avere di stravagante costei, che non sia comune all'altre donne?

MARCHESE Ha un tratto nobile, che incatena.

CONTE È bella, parla bene, veste con pulizia, è di un ottimo gusto.

CAVALIERE Tutte cose che non vagliono un fico. Sono tre giorni ch'io sono in questa locanda, e non mi ha fatto specie veruna.

CONTE Guardatela, e forse ci troverete del buono.

CAVALIERE Eh, pazzia! L'ho veduta benissimo. È una donna come l'altre.

MARCHESE Non è come l'altre, ha qualche cosa di più. Io che ho praticate le prime dame, non ho trovato una donna che sappia unire, come questa, la gentilezza e il decoro.

CONTE Cospetto di bacco! Io son sempre stato solito trattar donne: ne conosco li difetti ed il loro debole. Pure con costei, non ostante il mio lungo corteggio e le tante spese per essa fatte, non ho potuto toccarle un dito.

CAVALIERE Arte, arte sopraffina. Poveri gonzi! Le credete, eh? A me non la farebbe. Donne? Alla larga tutte quante elle sono.

CONTE Non siete mai stato innamorato?

CAVALIERE Mai, né mai lo sarò. Hanno fatto il diavolo per darmi moglie, né mai l'ho voluta.

MARCHESE Ma siete unico della vostra casa: non volete pensare alla successione?

CAVALIERE Ci ho pensato più volte, ma quando considero che per aver figliuoli mi converrebbe soffrire una donna, mi passa subito la volontà.

CONTE Che volete voi fare delle vostre ricchezze?

CAVALIERE Godermi quel poco che ho con i miei amici.

MARCHESE Bravo, cavaliere, bravo; ci goderemo.

CONTE E alle donne non volete dar nulla?

CAVALIERE Niente affatto. A me non ne mangiano sicuramente.

CONTE Ecco la nostra padrona. Guardatela, se non è adorabile.

CAVALIERE Oh la bella cosa! Per me stimo più di lei quattro volte un bravo cane da caccia.

MARCHESE Se non la stimate voi, la stimo io.

CAVALIERE Ve la lascio, se fosse più bella di Venere.

SCENA QUINTA
Mirandolina e detti

MIRANDOLINA M'inchino a questi cavalieri. Chi mi domanda di lor signori?

MARCHESE Io vi domando, ma non qui.

MIRANDOLINA Dove mi vuole, Eccellenza?

MARCHESE Nella mia camera.

MIRANDOLINA Nella sua camera? Se ha bisogno di qualche cosa, verrà il cameriere a servirla.

MARCHESE (Che dite di quel contegno?) (*al Cavaliere*)

CAVALIERE (Quello che voi chiamate contegno, io lo chiamerei temerità, impertinenza.) (*al Marchese*)

CONTE Cara Mirandolina, io vi parlerò in pubblico, non vi darò l'incomodo di venire nella mia camera. Osservate questi orecchini. Vi piacciono?

MIRANDOLINA Belli.

CONTE Sono diamanti, sapete?

MIRANDOLINA Oh, li conosco. Me ne intendo anch'io dei diamanti.

CONTE E sono al vostro comando.

CAVALIERE (Caro amico, voi li buttate via.) (*piano al Conte*)

MIRANDOLINA Perché mi vuol ella donare quegli orecchini?

MARCHESE Veramente sarebbe un gran regalo! Ella ne ha de' più belli al doppio.

CONTE Questi sono legati alla moda. Vi prego riceverli per amor mio.

CAVALIERE (Oh che pazzo!) (*da sé*)

MIRANDOLINA No, davvero, signore...

CONTE Se non li prendete, mi disgustate.

MIRANDOLINA Non so che dire... mi preme tenermi amici gli avventori della mia locanda. Per non disgustare il signor Conte, li prenderò.

CAVALIERE (Oh che forca!) (*da sé*)

CONTE (Che dite di quella prontezza di spirito?) (*al Cavaliere*)

CAVALIERE (Bella prontezza! Ve li mangia, e non vi ringrazia nemmeno.) (*al Conte*)

MARCHESE Veramente, signor Conte, vi siete acquistato un gran merito. Regalare una donna in pubblico, per vanità! Mirandolina, vi ho da parlare a quattr'occhi, fra voi e me: son cavaliere.

MIRANDOLINA (Che arsura! Non gliene cascano.) (*da sé*) Se altro non mi comandano, io me n'anderò.

CAVALIERE Ehi! padrona. La biancheria che mi avete dato, non mi gusta. Se non ne avete di meglio, mi provvederò. (*con disprezzo*)

MIRANDOLINA Signore, ve ne sarà di meglio. Sarà servita, ma mi pare che la potrebbe chiedere con un poco di gentilezza.

CAVALIERE Dove spendo il mio denaro, non ho bisogno di far complimenti.

CONTE Compatitelo. Egli è nemico capitale delle donne. (*a Mirandolina*)

CAVALIERE Eh, che non ho bisogno d'essere da lei compatito.

MIRANDOLINA Povere donne! che cosa le hanno fatto? Perché così crudele con noi, signor Cavaliere?

CAVALIERE Basta così. Con me non vi prendete maggior confidenza. Cambiatemi la biancheria. La manderò a prender pel servitore. Amici, vi sono schiavo. (*parte*)

Il Marchese, il Conte e Mirandolina

MIRANDOLINA Che uomo salvatico! Non ho veduto il compagno.

CONTE Cara Mirandolina, tutti non conoscono il vostro merito.

MIRANDOLINA In verità, son così stomacata del suo mal procedere, che or ora lo licenzio a dirittura.

MARCHESE Sì; e se non vuol andarsene, ditelo a me, che lo farò partire immediatamente. Fate pur uso della mia protezione.

CONTE E per il denaro che aveste a perdere, io supplirò e pagherò tutto. (Sentite, mandate via anche il Marchese, che pagherò io.) (*piano a Mirandolina*)

MIRANDOLINA Grazie, signori miei, grazie. Ho tanto spirito che basta, per dire ad un forestiere ch'io non lo voglio, e circa all'utile, la mia locanda non ha mai camere in ozio.

SCENA SETTIMA
Fabrizio e detti

FABRIZIO Illustrissimo, c'è uno che la domanda. (*al Conte*)

CONTE Sai chi sia?

FABRIZIO Credo ch'egli sia un legatore di gioje. (Mirandolina, giudizio; qui non istate bene.) (*piano a Mirandolina, e parte*)

CONTE Oh sì, mi ha da mostrare un gioiello. Mirandolina, quegli orecchini, voglio che li accompagniamo.

MIRANDOLINA Eh no, signor Conte...

CONTE Voi meritate molto, ed io i denari non li stimo
niente. Vado a vedere questo gioiello. Addio, Mirandolina; signor Marchese, la riverisco! (*parte*)

SCENA OTTAVA
Il Marchese e Mirandolina

MARCHESE (Maledetto Conte! Con questi suoi denari
mi ammazza.) (*da sé*)
MIRANDOLINA In verità il signor Conte s'incomoda
troppo.
MARCHESE Costoro hanno quattro soldi, e li spendo-
no per vanità, per albagia. Io li conosco, so il viver
del mondo.
MIRANDOLINA Eh, il viver del mondo lo so ancor io.
MARCHESE Pensano che le donne della vostra sorta si
vincano con i regali.
MIRANDOLINA I regali non fanno male allo stomaco.
MARCHESE Io crederei di farvi un'ingiuria, cercando
di obbligarvi con i donativi.
MIRANDOLINA Oh, certamente il signor Marchese non
mi ha ingiuriato mai.
MARCHESE E tali ingiurie non ve le farò.
MIRANDOLINA Lo credo sicurissimamente.
MARCHESE Ma dove posso, comandatemi.
MIRANDOLINA Bisognerebbe ch'io sapessi, in che cosa
può Vostra Eccellenza.
MARCHESE In tutto. Provatemi.
MIRANDOLINA Ma verbigrazia, in che?
MARCHESE Per bacco! Avete un merito che sorprende.
MIRANDOLINA Troppe grazie, Eccellenza.
MARCHESE Ah! direi quasi uno sproposito. Maledirei
quasi la mia Eccellenza.
MIRANDOLINA Perché, signore?

MARCHESE Qualche volta mi auguro di essere nello
stato del Conte.

MIRANDOLINA Per ragione forse de' suoi denari?

MARCHESE Eh! Che denari! Non li stimo un fico. Se
fossi un conte ridicolo come lui...

MIRANDOLINA Che cosa farebbe?

MARCHESE Cospetto del diavolo... vi sposerei. (*parte*)

SCENA NONA
Mirandolina sola

Uh, che mai ha detto! L'eccellentissimo signor marchese Arsura mi sposerebbe? Eppure, se mi volesse sposare, vi sarebbe una piccola difficoltà. Io
non lo vorrei. Mi piace l'arrosto, e del fumo non so
che farne. Se avessi sposati tutti quelli che hanno
detto volermi, oh, avrei pure tanti mariti! Quanti
arrivano a questa locanda, tutti di me s'innamorano, tutti mi fanno i cascamorti; e tanti e tanti mi
esibiscono di sposarmi a dirittura. E questo signor
cavaliere, rustico come un orso, mi tratta sì bru-
scamente? Questi è il primo forestiere capitato alla mia locanda, il quale non abbia avuto piacere di
trattare con me. Non dico che tutti in un salto
s'abbiano a innamorare: ma disprezzarmi così? è
una cosa che mi muove la bile terribilmente. È nemico delle donne? Non le può vedere? Povero pazzo! Non avrà ancora trovato quella che sappia fare. Ma la troverà. La troverà. E chi sa che non
l'abbia trovata? Con questi per l'appunto mi ci
metto di picca. Quei che mi corrono dietro, presto
presto mi annoiano. La nobiltà non fa per me. La
ricchezza la stimo e non la stimo. Tutto il mio piacere consiste in vedermi servita, vagheggiata, ado-

rata. Questa è la mia debolezza, e questa è la debolezza di quasi tutte le donne. A maritarmi non ci penso nemmeno; non ho bisogno di nessuno; vivo onestamente, e godo la mia libertà. Tratto con tutti, ma non m'innamoro mai di nessuno. Voglio burlarmi di tante caricature di amanti spasimati; e voglio usar tutta l'arte per vincere, abbattere e conquassare quei cuori barbari e duri che son nemici di noi, che siamo la miglior cosa che abbia prodotto al mondo la bella madre natura.

SCENA DECIMA
Fabrizio e detta

FABRIZIO Ehi, padrona.

MIRANDOLINA Che cosa c'è?

FABRIZIO Quel forestiere che è alloggiato nella camera di mezzo, grida della biancheria; dice che è ordinaria, e che non la vuole.

MIRANDOLINA Lo so, lo so. Lo ha detto anche a me, e lo voglio servire.

FABRIZIO Benissimo. Venitemi dunque a metter fuori la roba, che gliela possa portare.

MIRANDOLINA Andate, andate, gliela porterò io.

FABRIZIO Voi gliela volete portare?

MIRANDOLINA Sì, io.

FABRIZIO Bisogna che vi prema molto questo forestiere.

MIRANDOLINA Tutti mi premono. Badate a voi.

FABRIZIO (Già me n'avvedo. Non faremo niente. Ella mi lusinga; ma non faremo niente.) (*da sé*)

MIRANDOLINA (Povero sciocco! Ha delle pretensioni. Voglio tenerlo in isperanza, perché mi serva con fedeltà.) (*da sé*)

FABRIZIO Si è sempre costumato, che i forestieri li serva io.

MIRANDOLINA Voi con i forestieri siete un poco troppo ruvido.

FABRIZIO E voi siete un poco troppo gentile.

MIRANDOLINA So quel che fo, non ho bisogno di correttori.

FABRIZIO Bene, bene. Provvedetevi di cameriere.

MIRANDOLINA Perché, signor Fabrizio? è disgustato di me?

FABRIZIO Vi ricordate voi che cosa ha detto a noi due vostro padre, prima ch'egli morisse?

MIRANDOLINA Sì; quando mi vorrò maritare, mi ricorderò di quel che ha detto mio padre.

FABRIZIO Ma io son delicato di pelle, certe cose non le posso soffrire.

MIRANDOLINA Ma che credi tu ch'io mi sia? Una frasca? Una civetta? Una pazza? Mi maraviglio di te. Che voglio fare io dei forestieri che vanno e vengono? Se li tratto bene, lo fo per mio interesse, per tener in credito la mia locanda. De' regali non ne ho bisogno. Per far all'amore? Uno mi basta: e questo non mi manca; e so chi merita, e so quello che mi conviene. E quando vorrò maritarmi... mi ricorderò di mio padre. E chi mi averà servito bene, non potrà lagnarsi di me. Son grata. Conosco il merito... Ma io non son conosciuta. Basta, Fabrizio, intendetemi, se potete. (*parte*)

FABRIZIO Chi può intenderla, è bravo davvero. Ora pare che la mi voglia, ora che la non mi voglia. Dice che non è una frasca, ma vuol far a suo modo. Non so che dire. Staremo a vedere. Ella mi piace, le voglio bene, accomoderei con essa i miei interessi per tutto il tempo di vita mia. Ah! bisognerà chiuder un occhio, e lasciar correre qualche cosa.

Finalmente i forestieri vanno e vengono. Io resto sempre. Il meglio sarà sempre per me. (*parte*)

SCENA UNDICESIMA

Camera del Cavaliere.
Il Cavaliere ed un Servitore

SERVITORE Illustrissimo, hanno portato questa lettera.
CAVALIERE Portami la cioccolata. (*il Servitore parte*)
(*Il Cavaliere apre la lettera*)

Siena, primo Gennaio 1753. (Chi scrive?) *Orazio Taccagni. Amico carissimo. La tenera amicizia che a voi mi lega, mi rende sollecito ad avvisarvi essere necessario il vostro ritorno in patria. È morto il conte Manna...* (Povero cavaliere! Me ne dispiace.) *Ha lasciato la sua unica figlia nubile erede di cento-cinquanta mila scudi. Tutti gli amici vostri vorreb-bero che toccasse a voi una tal fortuna, e vanno ma-neggiando...* Non s'affatichino per me, che non ne voglio saper nulla. Lo sanno pure ch'io non voglio donne per i piedi. E questo mio caro amico, che lo sa più d'ogni altro, mi secca peggio di tutti. (*strac-cia la lettera*) Che importa a me di centocinquanta mila scudi? Finché son solo, mi basta meno. Se fossi accompagnato, non mi basterebbe assai più. Moglie a me! Piuttosto una febbre quartana.

SCENA DODICESIMA

Il Marchese e detto

MARCHESE Amico, vi contentate ch'io venga a stare un poco con voi?
CAVALIERE Mi fate onore.

MARCHESE Almeno fra me e voi possiamo trattarci con confidenza; ma quel somaro del Conte non è degno di stare in conversazione con noi.

CAVALIERE Caro Marchese, compatitemi; rispettate gli altri, se volete essere rispettato voi pure.

MARCHESE Sapete il mio naturale. Io fo le cortesie a tutti, ma colui non lo posso soffrire.

CAVALIERE Non lo potete soffrire, perché vi è rivale in amore? Vergogna! Un cavaliere della vostra sorta innamorarsi d'una locandiera! Un uomo savio, come siete voi, correr dietro a una donna!

MARCHESE Cavaliere mio, costei mi ha stregato.

CAVALIERE Oh pazzie! debolezze! Che stregamenti! Che vuol dire che le donne non mi stregheranno? Le loro fattucchierie consistono nei loro vezzi, nelle loro lusinghe, e chi ne sta lontano, come fo io, non ci è pericolo che si lasci ammaliare.

MARCHESE Basta! ci penso e non ci penso: quel che mi dà fastidio e che m'inquieta, è il mio fattor di campagna.

CAVALIERE Vi ha fatto qualche porcheria?

MARCHESE Mi ha mancato di parola.

SCENA TREDICESIMA

Il Servitore con una cioccolata, e detti

CAVALIERE Oh mi dispiace... Fanne subito un'altra. (*al Servitore*)

SERVITORE In casa per oggi non ce n'è altra, illustrissimo.

CAVALIERE Bisogna che ne provveda. Se vi degnate di questa... (*al Marchese*)

MARCHESE (*Prende la cioccolata, e si mette a berla senza complimenti, seguitando poi a discorrere e bere,*

come segue) Questo mio fattore, come io vi diceva... (*beve*)

CAVALIERE (Ed io resterò senza.) (*da sé*)

MARCHESE Mi aveva promesso mandarmi con l'ordi-
nario... (*beve*) venti zecchini... (*beve*)

CAVALIERE (Ora viene con una seconda stoccata.) (*da sé*)

MARCHESE E non me li ha mandati... (*beve*)

CAVALIERE Li manderà un'altra volta.

MARCHESE Il punto sta... il punto sta... (*finisce di bere*)
Tenete. (*dà la chicchera al Servitore*) Il punto sta che
sono in un grande impegno, e non so come fare.

CAVALIERE Otto giorni più, otto giorni meno...

MARCHESE Ma voi che siete cavaliere, sapete quel che
vuol dire il mantener la parola. Sono in impegno;
e... corpo di bacco! Darei delle pugna in cielo.

CAVALIERE Mi dispiace di vedervi scontento. (Se sapessi come uscirne con riputazione!) (*da sé*)

MARCHESE Voi avreste difficoltà per otto giorni di farmi il piacere?

CAVALIERE Caro Marchese, se potessi, vi servirei di
cuore; se ne avessi, ve li avrei esibiti a dirittura. Ne
aspetto, e non ne ho.

MARCHESE Non mi darete ad intendere d'esser senza
denari.

CAVALIERE Osservate. Ecco tutta la mia ricchezza.
Non arrivano a due zecchini. (*mostra uno zecchino e varie monete*)

MARCHESE Quello è uno zecchino d'oro.

CAVALIERE Sì; è l'ultimo, non ne ho più.

MARCHESE Prestatemi quello, che vedrò intanto..

CAVALIERE Ma io poi...

MARCHESE Di che avete paura? Ve lo renderò.

CAVALIERE Non so che dire; servitevi. (*gli dà lo zecchino*)

MARCHESE Ho un affare di premura... amico: obbligato per ora: ci rivedremo a pranzo. (*prende lo zecchino, e parte*)

SCENA QUATTORDICESIMA
Il Cavaliere solo

Bravo! il signor Marchese mi voleva frecciare venti zecchini, e poi si è contentato di uno. Finalmente uno zecchino non mi preme di perderlo, e se non me lo rende, non mi verrà più a seccare. Mi dispiace più, che mi ha bevuto la mia cioccolata. Che indiscretezza! E poi: Son chi sono. Son cavaliere. Oh garbatissimo cavaliere!

SCENA QUINDICESIMA
Mirandolina colla biancheria, e detto

MIRANDOLINA Permette, illustrissimo? (*entrando con qualche soggezione*)

CAVALIERE Che cosa volete? (*con asprezza*)

MIRANDOLINA Ecco qui della biancheria migliore. (*s'avanza un poco*)

CAVALIERE Bene. Mettetela lì. (*accenna il tavolino*)

MIRANDOLINA La supplico almeno degnarsi vedere se è di suo genio.

CAVALIERE Che roba è?

MIRANDOLINA Le lenzuola sono di rensa. (*s'avanza ancor più*)

CAVALIERE Rensa?

MIRANDOLINA Sì signore, di dieci paoli al braccio. Osservi.

CAVALIERE Non pretendevo tanto. Bastavami qualche cosa meglio di quel che mi avete dato.

MIRANDOLINA Questa biancheria l'ho fatta per personaggi di merito: per quelli che la sanno conoscere;
e in verità, illustrissimo, la do per esser lei, ad un
altro non la darei.

CAVALIERE *Per esser lei!* Solito complimento.

MIRANDOLINA Osservi il servizio di tavola.

CAVALIERE Oh! Queste tele di Fiandra, quando si la-
vano, perdono assai. Non vi è bisogno che le insu-
diciate per me.

MIRANDOLINA Per un cavaliere della sua qualità,
non guardo a queste piccole cose. Di queste sal-
viette ne ho parecchie, e le serberò per V.S. illustrissima.

CAVALIERE (Non si può però negare, che costei non
sia una donna obbligante.) (*da sé*)

MIRANDOLINA (Veramente ha una faccia burbera da
non piacergli le donne.) (*da sé*)

CAVALIERE Date la mia biancheria al mio cameriere,
o ponetela lì, in qualche luogo. Non vi è bisogno
che v'incomodiate per questo.

MIRANDOLINA Oh, io non m'incomodo mai, quando
servo cavaliere di sì alto merito.

CAVALIERE Bene, bene, non occorr'altro. (Costei vorrebbe adularmi. Donne! Tutte così.) (*da sé*)

MIRANDOLINA La metterò nell'arcova.

CAVALIERE Sì, dove volete. (*con serietà*)

MIRANDOLINA (Oh! vi è del duro. Ho paura di non far
niente.) (*da sé; va a riporre la biancheria*)

CAVALIERE (I gonzi sentono queste belle parole, credono a chi le dice, e cascano.) (*da sé*)

MIRANDOLINA A pranzo, che cosa comanda? (*ritor-
nando senza la biancheria*)

CAVALIERE Mangerò quello che vi sarà.

MIRANDOLINA Vorrei pur sapere il suo genio. Se le
piace una cosa più dell'altra, lo dica con libertà.

CAVALIERE Se vorrò qualche cosa, lo dirò al cameriere.

MIRANDOLINA Ma in queste cose gli uomini non hanno l'attenzione e la pazienza che abbiamo noi altre donne. Se le piacesse qualche intingoletto, qualche salsetta, favorisca di dirlo a me.

CAVALIERE Vi ringrazio: ma né anche per questo verso vi riuscirà di far con me quello che avete fatto col Conte e col Marchese.

MIRANDOLINA Che dice della debolezza di quei due cavalieri? Vengono alla locanda per alloggiare, e pretendono poi di voler far all'amore colla locandiera. Abbiamo altro in testa noi, che dar retta alle loro ciarle. Cerchiamo di fare il nostro interesse; se diamo loro delle buone parole, lo facciamo per tenerli a bottega; e poi, io principalmente, quando vedo che si lusingano, rido come una pazza.

CAVALIERE Brava! Mi piace la vostra sincerità.

MIRANDOLINA Oh! non ho altro di buono, che la sincerità.

CAVALIERE Ma però, con chi vi fa la corte, sapete fingere.

MIRANDOLINA Io fingere? Guardimi il cielo. Domandi un poco a quei due signori che fanno gli spasimati per me, se ho mai dato loro un segno d'affetto. Se ho mai scherzato con loro in maniera che si potessero lusingare con fondamento. Non li strapazzo, perché il mio interesse non lo vuole, ma poco meno. Questi uomini effeminati non li posso vedere. Sì come abborrisco anche le donne, che corrono dietro agli uomini. Vede? Io non sono una ragazza. Ho qualche annetto; non son bella, ma ho avute delle buone occasioni; eppure non ho mai voluto maritarmi, perché stimo infinitamente la mia libertà.

CAVALIERE Oh sì, la libertà è un gran tesoro.

MIRANDOLINA E tanti la perdono scioccamente.

CAVALIERE So ben io quel che faccio. Alla larga.

MIRANDOLINA Ha moglie V.S. illustrissima?

CAVALIERE Il cielo me ne liberi. Non voglio donne.

MIRANDOLINA Bravissimo. Si conservi sempre così. Le donne, signore... Basta, a me non tocca a dirne male.

CAVALIERE Voi siete per altro la prima donna, ch'io senta parlar così.

MIRANDOLINA Le dirò: noi altre locandiere vediamo e sentiamo delle cose assai; e in verità compatisco quegli uomini che hanno paura del nostro sesso.

CAVALIERE (È curiosa costei.) (*da sé*)

MIRANDOLINA Con permissione di V.S. illustrissima. (*finge voler partire*)

CAVALIERE Avete premura di partire?

MIRANDOLINA Non vorrei esserle importuna.

CAVALIERE No, mi fate piacere; mi divertite.

MIRANDOLINA Vede, signore? Così fo con gli altri. Mi trattengo qualche momento; sono piuttosto allegra, dico delle barzellette per divertirli, ed essi subito credono... Se la m'intende, e' mi fanno i cascamorti.

CAVALIERE Questo accade, perché avete buona maniera.

MIRANDOLINA Troppa bontà, illustrissimo. (*con una riverenza*)

CAVALIERE Ed essi s'innamorano.

MIRANDOLINA Guardi che debolezza! Innamorarsi subito di una donna!

CAVALIERE Questa io non l'ho mai potuta capire.

MIRANDOLINA Bella fortezza! Bella virilità!

CAVALIERE Debolezze! Miserie umane!

MIRANDOLINA Questo è il vero pensare degli uomini. Signor Cavaliere, mi porga la mano.

CAVALIERE Perché volete ch'io vi porga la mano?

MIRANDOLINA Favorisca; si degni; osservi, sono pulita.

CAVALIERE Ecco la mano.

MIRANDOLINA Questa è la prima volta, che ho l'onore d'aver per la mano un uomo, che pensa veramente da uomo.

CAVALIERE Via, basta così. (*ritira la mano*)

MIRANDOLINA Ecco. Se io avessi preso per la mano uno di que' due signori sguaiati, avrebbe tosto creduto ch'io spasimassi per lui. Sarebbe andato in deliquio. Non darei loro una semplice libertà, per tutto l'oro del mondo. Non sanno vivere. Oh benedetto il conversare alla libera! senza attacchi, senza malizia, senza tante ridicole scioccherie. Illustrissimo, perdoni la mia impertinenza. Dove posso servirla, mi comandi con autorità, e avrò per lei quell'attenzione, che non ho mai avuto per alcuna persona di questo mondo.

CAVALIERE Per qual motivo avete tanta parzialità per me?

MIRANDOLINA Perché, oltre il suo merito, oltre la sua condizione, sono almeno sicura che con lei posso trattare con libertà, senza sospetto che voglia fare cattivo uso delle mie attenzioni, e che mi tenga in qualità di serva, senza tormentarmi con pretensioni ridicole, con caricature affettate.

CAVALIERE (Che diavolo ha costei di stravagante, ch'io non capisco!) (*da sé*)

MIRANDOLINA (Il satiro si anderà a poco a poco addomesticando.) (*da sé*)

CAVALIERE Orsù, se avete da badare alle cose vostre, non restate per me.

MIRANDOLINA Sì signore, vado ad attendere alle faccende di casa. Queste sono i miei amori, i miei passatempi. Se comanderà qualche cosa, manderò il cameriere.

CAVALIERE Bene... Se qualche volta verrete anche voi, vi vedrò volentieri.

MIRANDOLINA Io veramente non vado mai nelle camere dei forestieri, ma da lei ci verrò qualche volta.

CAVALIERE Da me... Perché?

MIRANDOLINA Perché, illustrissimo signore, ella mi
piace assaissimo.

CAVALIERE Vi piaccio io?

MIRANDOLINA Mi piace, perché non è effeminato, perché
non è di quelli che s'innamorano. (Mi caschi il naso,
se avanti domani non l'innamoro.) (*da sé, parte*)

SCENA SEDICESIMA
Il Cavaliere solo

Eh! So io quel che fo. Colle donne? Alla larga. Costei sarebbe una di quelle che potrebbero farmi cascare più
delle altre. Quella verità, quella scioltezza di dire, è
cosa poco comune. Ha un non so che di estraordinario; ma non per questo mi lascierei innamorare. Per
un poco di divertimento, mi fermerei più tosto con
questa che con un'altra. Ma per far all'amore? Per
perdere la libertà? Non vi è pericolo. Pazzi, pazzi
quelli che s'innamorano delle donne. (*parte*)

SCENA DICIASSETTESIMA
Altra camera di locanda.
Ortensia, Dejanira, Fabrizio

FABRIZIO Che restino servite qui, illustrissime. Osser-
vino quest'altra camera. Quella per dormire, e
questa per mangiare, per ricevere, per servirsene
come comandano.

ORTENSIA Va bene, va bene. Siete voi padrone, o cameriere?

FABRIZIO Cameriere, ai comandi di V.S. illustrissima.

DEJANIRA (Ci dà delle illustrissime.) (*piano a Ortensia, ridendo*)

ORTENSIA (Bisogna secondare il lazzo.) Cameriere?

FABRIZIO Illustrissima.

ORTENSIA Dite al padrone che venga qui, voglio parlar con lui per il trattamento.

FABRIZIO Verrà la padrona; la servo subito. (Chi diamine saranno queste due signore così sole? All'aria, all'abito, paiono dame.) (*da sé, parte*)

SCENA DICIOTTESIMA
Dejanira e Ortensia

DEJANIRA Ci dà dell'illustrissime. Ci ha creduto due dame.

ORTENSIA Bene. Così ci tratterà meglio.

DEJANIRA Ma ci farà pagare di più.

ORTENSIA Eh, circa i conti, avrà da fare con me. Sono degli anni assai, che cammino il mondo.

DEJANIRA Non vorrei che con questi titoli entrassimo in qualche impegno.

ORTENSIA Cara amica, siete di poco spirito. Due commedianti avvezze a far sulla scena da contesse, da marchese e da principesse, avranno difficoltà a sostenere un carattere sopra di una locanda?

DEJANIRA Verranno i nostri compagni, e subito ci sbianchiranno.*

ORTENSIA Per oggi non possono arrivare a Firenze. Da Pisa a qui in navicello vi vogliono almeno tre giorni.

Gergo de' commedianti, che vuol dire: "ci scopriranno".

DEJANIRA Guardate che bestialità! Venire in navicello!

ORTENSIA Per mancanza di lugagni.* È assai che siamo venute noi in calesse.

DEJANIRA È stata buona quella recita di più che abbiamo fatto.

ORTENSIA Sì, ma se non istavo io alla porta, non si faceva niente.

SCENA DICIANNOVESIMA
Fabrizio e dette

FABRIZIO La padrona or ora sarà a servirle.

ORTENSIA Bene.

FABRIZIO Ed io le supplico a comandarmi. Ho servito altre dame: mi darò l'onor di servir con tutta attenzione anche le signorie loro illustrissime.

ORTENSIA Occorrendo, mi varrò di voi.

DEJANIRA (Ortensia queste parti le fa benissimo.) (*da sé*)

FABRIZIO Intanto le supplico, illustrissime signore, favorirmi il loro riverito nome per la consegna. (*tira fuori un calamaio ed un libriccino*)

DEJANIRA (Ora viene il buono.)

ORTENSIA Perché ho da dar il mio nome?

FABRIZIO Noialtri locandieri siamo obbligati a dar il nome, il casato, la patria e la condizione di tutti i passeggieri che alloggiano alla nostra locanda. E se non lo facessimo, meschini noi.

DEJANIRA (Amica, i titoli sono finiti.) (*piano ad Ortensia*)

ORTENSIA Molti daranno anche il nome finto.

FABRIZIO In quanto a questo poi, noialtri scriviamo il nome che ci dettano, e non cerchiamo di più.

* Gergo: "danari".

ORTENSIA Scrivete. La baronessa Ortensia del Poggio, palermitana.

FABRIZIO (Siciliana? Sangue caldo.) (*scrivendo*) Ella, illustrissima? (*a Dejanira*)

DEJANIRA Ed io... (Non so che mi dire.)

ORTENSIA Via, contessa Dejanira, dategli il vostro nome.

FABRIZIO La supplico. (*a Dejanira*)

DEJANIRA Non l'avete sentito? (*a Fabrizio*)

FABRIZIO *L'illustrissima signora contessa Dejanira..* (*scrivendo*) Il cognome?

DEJANIRA Anche il cognome? (*a Fabrizio*)

ORTENSIA Sì, dal Sole, romana. (*a Fabrizio*)

FABRIZIO Non occorr'altro. Perdonino l'incomodo. Ora verrà la padrona. (L'ho io detto, che erano due dame? Spero che farò de' buoni negozi. Mancie non ne mancheranno.) (*parte*)

DEJANIRA Serva umilissima della signora Baronessa.

ORTENSIA Contessa a voi m'inchino. (*si burlano vicendevolmente*)

DEJANIRA Qual fortuna mi offre la felicissima congiuntura di rassegnarvi il mio profondo rispetto?

ORTENSIA Dalla fontana del vostro cuore scaturir non possono che torrenti di grazie.

SCENA VENTESIMA

Mirandolina e dette

DEJANIRA Madama, voi mi adulate. (*ad Ortensia, con caricatura*)

ORTENSIA Contessa, al vostro merito si converrebbe assai più. (*fa lo stesso*)

MIRANDOLINA (Oh che dame cerimoniose!) (*da sé, in disparte*)

DEJANIRA (Oh quanto mi vien da ridere!) (*da sé*)

ORTENSIA Zitto: è qui la padrona. (*piano a Dejanira*)

MIRANDOLINA M'inchino a queste dame.

ORTENSIA Buon giorno, quella giovane.

DEJANIRA Signora padrona, vi riverisco. (*a Miran-dolina*)

ORTENSIA Ehi! (*fa cenno a Dejanira, che si sostenga*)

MIRANDOLINA Permetta ch'io le baci la mano. (*ad Ortensia*)

ORTENSIA Siete obbligante. (*le dà la mano*)

DEJANIRA (*Ride da sé*)

MIRANDOLINA Anche ella, illustrissima. (*chiede la mano a Dejanira*)

DEJANIRA Eh, non importa...

ORTENSIA Via, gradite le finezze di questa giovane Datele la mano.

MIRANDOLINA La supplico.

DEJANIRA Tenete. (*le dà la mano, si volta, e ride*)

MIRANDOLINA Ride, illustrissima? Di che?

ORTENSIA Che cara Contessa! Ride ancora di me. Ho detto uno sproposito, che l'ha fatta ridere.

MIRANDOLINA (Io giuocherei che non sono dame. Se fossero dame, non sarebbero sole.) (*da sé*)

ORTENSIA Circa il trattamento, converrà poi discorrere. (*a Mirandolina*)

MIRANDOLINA Ma! Sono sole? Non hanno cavalieri, non hanno servitori, non hanno nessuno?

ORTENSIA Il Barone mio marito...

DEJANIRA (*Ride forte*)

MIRANDOLINA Perché ride, signora? (*a Dejanira*)

ORTENSIA Via, perché ridete?

DEJANIRA Rido del Barone di vostro marito.

ORTENSIA Sì, è un cavaliere giocoso: dice sempre delle barzellette; verrà quanto prima col conte Orazio marito della Contessina.

DEJANIRA (*Fa forza per trattenersi da ridere*)

MIRANDOLINA La fa ridere anche il signor Conte? (*a Dejanira*)

ORTENSIA Ma via, Contessina, tenetevi un poco nel vostro decoro.

MIRANDOLINA Signore mie, favoriscano in grazia. Siamo sole, nessuno ci sente. Questa contea, questa baronia, sarebbe mai...

ORTENSIA Che cosa vorreste voi dire? Mettereste in dubbio la nostra nobiltà?

MIRANDOLINA Perdoni, illustrissima, non si riscaldi, perché farà ridere la signora Contessa.

DEJANIRA Eh via, che serve?

ORTENSIA Contessa, Contessa! (*minacciandola*)

MIRANDOLINA Io so che cosa voleva dire, illustrissima. (*a Dejanira*)

DEJANIRA Se l'indovinate, vi stimo assai.

MIRANDOLINA Voleva dire: Che serve che fingiamo d'esser due dame, se siamo due pedine? Ah! non è vero?

DEJANIRA E che sì che ci conoscete? (*a Mirandolina*)

ORTENSIA Che brava commediante! Non è buona da sostenere un carattere.

DEJANIRA Fuori di scena io non so fingere.

MIRANDOLINA Brava, signora Baronessa; mi piace il di lei spirito. Lodo la sua franchezza.

ORTENSIA Qualche volta mi prendo un poco di spasso.

MIRANDOLINA Ed io amo infinitamente le persone di spirito. Servitevi pure nella mia locanda, che siete padrone; ma vi prego bene, se mi capitassero persone di rango, cedermi quest'appartamento, ch'io vi darò dei camerini assai comodi.

DEJANIRA Sì, volentieri.

ORTENSIA Ma io, quando spendo il mio denaro, intendo volere esser servita come una dama, e in questo appartamento ci sono, e non me ne anderò.

MIRANDOLINA Via, signora Baronessa, sia buona... Oh!
  Ecco un cavaliere che è alloggiato in questa locanda.
  Quando vede donne, sempre si caccia avanti.
ORTENSIA È ricco?
MIRANDOLINA Io non so i fatti suoi.

SCENA VENTUNESIMA
Il Marchese e dette

MARCHESE È permesso? Si può entrare?
ORTENSIA Per me è padrone.
MARCHESE Servo di lor signore.
DEJANIRA Serva umilissima.
ORTENSIA La riverisco divotamente.
MARCHESE Sono forestiere? (*a Mirandolina*)
MIRANDOLINA Eccellenza sì. Sono venute ad onorare
  la mia locanda.
ORTENSIA (È un'Eccellenza! Capperi!) (*da sé*)
DEJANIRA (Già Ortensia lo vorrà per sé.) (*da sé*)
MARCHESE E chi sono queste signore? (*a Mirandolina*)
MIRANDOLINA Questa è la baronessa Ortensia del Pog-
  gio, e questa la contessa Dejanira dal Sole.
MARCHESE Oh compitissime dame!
ORTENSIA E ella chi è, signore?
MARCHESE Io sono il marchese di Forlipopoli.
DEJANIRA (La locandiera vuol seguitare a far la com-
  media.) (*da sé*)
ORTENSIA Godo aver l'onore di conoscere un cavalie-
  re così compito.
MARCHESE Se vi potessi servire, comandatemi. Ho
  piacere che siate venute ad alloggiare in questa lo-
  canda. Troverete una padrona di garbo.
MIRANDOLINA Questo cavaliere è pieno di bontà. Mi
  onora della sua protezione.

MARCHESE Sì, certamente. Io la proteggo, e proteggo tutti quelli che vengono nella sua locanda; e se vi occorre nulla, comandate.

ORTENSIA Occorrendo, mi prevarrò delle sue finezze.

MARCHESE Anche voi, signora Contessa, fate capitale di me.

DEJANIRA Potrò ben chiamarmi felice, se avrò l'alto onore di essere annoverata nel ruolo delle sue umilissime serve.

MIRANDOLINA (Ha detto un concetto da commedia.) (*ad Ortensia*)

ORTENSIA (Il titolo di contessa l'ha posta in soggezione.) (*a Mirandolina*)
(*Il Marchese tira fuori di tasca un bel fazzoletto di seta, lo spiega, e finge volersi asciugar la fronte*)

MIRANDOLINA Un gran fazzoletto, signor Marchese!

MARCHESE Ah! Che ne dite? È bello? Sono di buon gusto io? (*a Mirandolina*)

MIRANDOLINA Certamente è di ottimo gusto.

MARCHESE Ne avete più veduti di così belli? (*ad Ortensia*)

ORTENSIA È superbo. Non ho veduto il compagno. (Se me lo donasse, lo prenderei.) (*da sé*)

MARCHESE Questo viene da Londra. (*a Dejanira*)

DEJANIRA È bello, mi piace assai.

MARCHESE Son di buon gusto io?

DEJANIRA (E non dice a' vostri comandi.) (*da sé*)

MARCHESE M'impegno che il Conte non sa spendere. Getta via il denaro, e non compra mai una galanteria di buon gusto.

MIRANDOLINA Il signor Marchese conosce, distingue, sa, vede, intende.

MARCHESE (*Piega il fazzoletto con attenzione*) Bisogna piegarlo bene, acciò non si guasti. Questa sorta di roba bisogna custodirla con attenzione. Tenete. (*lo presenta a Mirandolina*)

MIRANDOLINA Vuole ch'io lo faccia mettere nella sua camera?

MARCHESE No. Mettetelo nella vostra.

MIRANDOLINA Perché... nella mia?

MARCHESE Perché... ve lo dono.

MIRANDOLINA Oh, Eccellenza, perdoni...

MARCHESE Tant'è. Ve lo dono.

MIRANDOLINA Ma io non voglio...

MARCHESE Non mi fate andar in collera.

MIRANDOLINA Oh, in quanto a questo poi, il signor Marchese lo sa, io non voglio disgustar nessuno. Acciò non vada in collera, lo prenderò.

DEJANIRA (Oh che bel lazzo!) (*ad Ortensia*)

ORTENSIA (E poi dicono delle commedianti!) (*a Dejanira*)

MARCHESE Ah! Che dite? Un fazzoletto di quella sorta, l'ho donato alla mia padrona di casa. (*ad Ortensia*)

ORTENSIA È un cavaliere generoso.

MARCHESE Sempre così.

MIRANDOLINA (Questo è il primo regalo che mi ha fatto, e non so come abbia avuto questo fazzoletto.) (*da sé*)

DEJANIRA Signor Marchese, se ne trovano di quei fazzoletti in Firenze? Avrei volontà d'averne uno compagno.

MARCHESE Compagno di questo sarà difficile; ma vedremo.

MIRANDOLINA (Brava la signora Contessina.) (*da sé*)

ORTENSIA Signor Marchese, voi che siete pratico della città, fatemi il piacere di mandarmi un bravo calzolaro, perché ho bisogno di scarpe.

MARCHESE Sì, vi manderò il mio.

MIRANDOLINA (Tutte alla vita; ma non ce n'è uno per la rabbia.) (*da sé*)

ORTENSIA Caro signor Marchese, favorirà tenerci un poco di compagnia.

DEJANIRA Favorirà a pranzo con noi.

MARCHESE Sì, volentieri. (Ehi Mirandolina, non abbiate gelosia, son vostro, già lo sapete.)

MIRANDOLINA (S'accomodi pure: ho piacere che si diverta.) (*al Marchese*)

ORTENSIA Voi sarete la nostra conversazione.

DEJANIRA Non conosciamo nessuno. Non abbiamo altri che voi.

MARCHESE Oh care le mie damine! Vi servirò di cuore.

SCENA VENTIDUESIMA
Il Conte e detti

CONTE Mirandolina, io cercava di voi.

MIRANDOLINA Son qui con queste dame.

CONTE Dame? M'inchino umilmente.

ORTENSIA Serva divota. (Questo è un guasco più badial* di quell'altro.) (*piano a Dejanira*)

DEJANIRA (Ma io non sono buona per miccheggiare.)** (*piano ad Ortensia*)

MARCHESE (Ehi! Mostrate al Conte il fazzoletto.) (*piano a Mirandolina*)

MIRANDOLINA Osservi, signor Conte, il bel regalo che mi ha fatto il signor Marchese. (*mostra il fazzoletto al Conte*)

CONTE Oh, me ne rallegro! Bravo, signor Marchese.

MARCHESE Eh niente, niente. Bagattelle. Riponetelo

---

* "Guasco badiale" in gergo vuol dire "un nobile ricco".
** "Miccheggiare" in gergo vuol dire "domandar regali" e cose simili.

via; non voglio che lo diciate. Quel che fo, non s'ha
da sapere.

MIRANDOLINA (Non s'ha da sapere, e me lo fa mostrare. La superbia contrasta con la povertà.) (*da sé*)

CONTE Con licenza di queste dame, vorrei dirvi una
parola. (*a Mirandolina*)

ORTENSIA S'accomodi con libertà.

MARCHESE Quel fazzoletto in tasca lo manderete a
male. (*a Mirandolina*)

MIRANDOLINA Eh, lo riporrò nella bambagia, perché
non si ammacchi!

CONTE Osservate questo piccolo gioiello di diamanti.
(*a Mirandolina*)

MIRANDOLINA Bello assai.

CONTE È compagno degli orecchini che vi ho donato.
(*Ortensia e Dejanira osservano, e parlano piano fra
loro*)

MIRANDOLINA Certo è compagno, ma è ancora più
bello.

MARCHESE (Sia maledetto il Conte, i suoi diamanti, i
suoi denari, e il suo diavolo che se lo porti.) (*da sé*)

CONTE Ora, perché abbiate il fornimento compagno,
ecco ch'io vi dono il gioiello. (*a Mirandolina*)

MIRANDOLINA Non lo prendo assolutamente.

CONTE Non mi farete questa mala creanza.

MIRANDOLINA Oh! delle male creanze non ne faccio
mai. Per non disgustarla, lo prenderò.
(*Ortensia e Dejanira parlano come sopra, osservando la generosità del Conte*)

MIRANDOLINA Ah! Che ne dice, signor Marchese? Questo gioiello non è galante?

MARCHESE Nel suo genere il fazzoletto è più di buon
gusto.

CONTE Sì, ma da genere a genere vi è una bella distanza

MARCHESE Bella cosa! Vantarsi in pubblico di una grande spesa.

CONTE Sì, sì, voi fate i vostri regali in segreto.

MIRANDOLINA (Posso ben dire con verità questa volta, che fra due litiganti il terzo gode.) (*da sé*)

MARCHESE E così, damine mie, sarò a pranzo con voi.

ORTENSIA Quest'altro signore chi è? (*al Conte*)

CONTE Sono il conte d'Albafiorita, per obbedirvi.

DEJANIRA Capperi! È una famiglia illustre, io la conosco. (*anch'ella s'accosta al Conte*)

CONTE Sono a' vostri comandi. (*a Dejanira*)

ORTENSIA È qui alloggiato? (*al Conte*)

CONTE Sì, signora.

DEJANIRA Si trattiene molto? (*al Conte*)

CONTE Credo di sì.

MARCHESE Signore mie, sarete stanche di stare in piedi, volete ch'io vi serva nella vostra camera?

ORTENSIA Obbligatissima. (*con disprezzo*) Di che paese è, signor Conte?

CONTE Napolitano.

ORTENSIA Oh! Siamo mezzi patriotti. Io sono palermitana.

DEJANIRA Io son romana; ma sono stata a Napoli, e appunto per un mio interesse desiderava parlare con un cavaliere napolitano.

CONTE Vi servirò, signore. Siete sole? Non avete uomini?

MARCHESE Ci sono io, signore: e non hanno bisogno di voi.

ORTENSIA Siamo sole, signor Conte. Poi vi diremo il perché.

CONTE Mirandolina.

MIRANDOLINA Signore.

CONTE Fate preparare nella mia camera per tre. Vi degnerete di favorirmi? (*ad Ortensia e Dejanira*)

ORTENSIA Riceveremo le vostre finezze.

MARCHESE Ma io sono stato invitato da queste dame.

CONTE Esse sono padrone di servirsi come comandano, ma alla mia piccola tavola in più di tre non ci si sta.

MARCHESE Vorrei veder anche questa...

ORTENSIA Andiamo, andiamo, signor Conte. Il signor Marchese ci favorirà un'altra volta. (*parte*)

DEJANIRA Signor Marchese, se trova il fazzoletto, mi raccomando. (*parte*)

MARCHESE Conte, Conte, voi me la pagherete.

CONTE Di che vi lagnate?

MARCHESE Son chi sono, e non si tratta così. Basta... Colei vorrebbe un fazzoletto? Un fazzoletto di quella sorta? Non l'avrà. Mirandolina, tenetelo caro. Fazzoletti di quella sorta non se ne trovano. Dei diamanti se ne trovano, ma dei fazzoletti di quella sorta non se ne trovano. (*parte*)

MIRANDOLINA (Oh che bel pazzo!) (*da sé*)

CONTE Cara Mirandolina, avrete voi dispiacere ch'io serva queste due dame?

MIRANDOLINA Niente affatto, signore.

CONTE Lo faccio per voi. Lo faccio per accrescer utile ed avventori alla vostra locanda; per altro io son vostro, è vostro il mio cuore, e vostre sono le mie ricchezze, delle quali disponetene liberamente, che io vi faccio padrona. (*parte*)

SCENA VENTITREESIMA
Mirandolina sola

Con tutte le sue ricchezze, con tutti li suoi regali, non arriverà mai ad innamorarmi; e molto meno lo farà il Marchese colla sua ridicola protezione

Se dovessi attaccarmi ad uno di questi due, certamente lo farei con quello che spende più. Ma non mi preme né dell'uno, né dell'altro. Sono in impegno d'innamorar il cavaliere di Ripafratta, e non darei un tal piacere per un gioiello il doppio più grande di questo. Mi proverò; non so se avrò l'abilità che hanno quelle due brave comiche, ma mi proverò. Il Conte ed il Marchese, frattanto che con quelle si vanno trattenendo, mi lasceranno in pace; e potrò a mio bell'agio trattar col Cavaliere. Possibile ch'ei non ceda? Chi è quello che possa resistere ad una donna, quando le dà tempo di poter far uso dell'arte sua? Chi fugge non può temer d'esser vinto, ma chi si ferma, chi ascolta, e se ne compiace, deve o presto o tardi a suo dispetto cadere. (*parte*)

Atto secondo

SCENA PRIMA

*Camera del Cavaliere, con tavola apparecchiata
per il pranzo e sedie.
Il Cavaliere ed il suo Servitore, poi Fabrizio.
Il Cavaliere passeggia con un libro. Fabrizio mette
la zuppa in tavola*

FABRIZIO Dite al vostro padrone, se vuol restare servito, che la zuppa è in tavola. (*al Servitore*)

SERVITORE Glielo potete dire anche voi. (*a Fabrizio*)

FABRIZIO È tanto stravagante, che non gli parlo niente volentieri.

SERVITORE Eppure non è cattivo. Non può veder le donne, per altro cogli uomini è dolcissimo.

FABRIZIO (Non può veder le donne? Povero sciocco! Non conosce il buono.) (*da sé, parte*)

SERVITORE Illustrissimo, se comanda, è in tavola.

   (*Il Cavaliere mette giù il libro, e va a sedere a tavola*)

CAVALIERE Questa mattina parmi che si pranzi prima del solito. (*al Servitore, mangiando*)

   (*Il Servitore dietro la sedia del Cavaliere, col tondo sotto il braccio*)

SERVITORE Questa camera è stata servita prima di tutte. Il signor conte d'Albafiorita strepitava che voleva essere servito il primo, ma la padrona ha voluto che si desse in tavola prima a V.S. illustrissima.

CAVALIERE Sono obbligato a costei per l'attenzione che mi dimostra.

SERVITORE È una assai compita donna, illustrissimo. In tanto mondo che ho veduto non ho trovato una locandiera più garbata di questa.

CAVALIERE Ti piace, eh? (*voltandosi un poco indietro*)

SERVITORE Se non fosse per far torto al mio padrone, vorrei venire a stare con Mirandolina per cameriere.

CAVALIERE Povero sciocco! Che cosa vorresti ch'ella facesse di te? (*gli dà il tondo, ed egli lo muta*)

SERVITORE Una donna di questa sorta, la vorrei servir come un cagnolino. (*va per un piatto*)

CAVALIERE Per bacco! Costei incanta tutti. Sarebbe da ridere che incantasse anche me. Orsù, domani me ne vado a Livorno. S'ingegni per oggi, se può, ma si assicuri che non sono sì debole. Avanti ch'io superi l'avversion per le donne, ci vuol altro.

SCENA SECONDA

Il Servitore col lesso ed un altro piatto, e detto

SERVITORE Ha detto la padrona, che se non le piacesse il pollastro, le manderà un piccione.

CAVALIERE Mi piace tutto. E questo che cos'è?

SERVITORE Dice la padrona, ch'io le sappia dire se a V.S. illustrissima piace questa salsa, che l'ha fatta ella colle sue mani.

CAVALIERE Costei mi obbliga sempre più. (*l'assaggia*) È preziosa. Dille che mi piace, che la ringrazio.

SERVITORE Glielo dirò, illustrissimo.

CAVALIERE Vaglielo a dir subito.

SERVITORE Subito. (Oh che prodigio! Manda un complimento a una donna!) (*da sé, parte*)

CAVALIERE È una salsa squisita. Non ho sentita la me-

glio. (*va mangiando*) Certamente, se Mirandolina
farà così, avrà sempre de' forestieri. Buona tavola,
buona biancheria. E poi non si può negare che non
sia gentile; ma quel che più stimo in lei, è la sincerità. Oh, quella sincerità è pure la bella cosa! Perché
non posso io vedere le donne? Perché sono finte, bugiarde, lusinghiere. Ma quella bella sincerità...

SCENA TERZA
Il Servitore e detto

SERVITORE Ringrazia V.S. illustrissima della bontà
che ha di aggradire le sue debolezze.
CAVALIERE Bravo, signor cerimoniere, bravo.
SERVITORE Ora sta facendo colle sue mani un altro
piatto; ma non so dire che cosa sia.
CAVALIERE Sta facendo?
SERVITORE Sì signore.
CAVALIERE Dammi da bere.
SERVITORE La servo. (*va a prendere da bere*)
CAVALIERE Orsù, con costei bisognerà corrispondere
con generosità. È troppo compita; bisogna pagare
il doppio. Trattarla bene, ma andar via presto.
(*Il Servitore gli presenta da bere*)
CAVALIERE Il Conte è andato a pranzo? (*beve*)
SERVITORE Illustrissimo sì, in questo momento. Oggi
fa trattamento. Ha due dame a tavola con lui.
CAVALIERE Due dame? Chi sono?
SERVITORE Sono arrivate a questa locanda poche ore
sono. Non so chi sieno.
CAVALIERE Le conosceva il Conte?
SERVITORE Credo di no; ma appena le ha vedute, le
ha invitate a pranzo seco.
CAVALIERE Che debolezza! Appena vede due donne,

subito si attacca. Ed esse accettano. E sa il cielo chi sono; ma sieno quali esser vogliono, sono donne, e tanto basta. Il Conte si rovinerà certamente. Dimmi: il Marchese è a tavola?

SERVITORE È uscito di casa, e non si è ancora veduto.

CAVALIERE In tavola. (*fa mutare il tondo*)

SERVITORE La servo.

CAVALIERE A tavola con due dame! Oh che bella compagnia! Colle loro smorfie mi farebbero passar l'appetito.

SCENA QUARTA

Mirandolina con un tondo in mano,
ed il Servitore, e detto

MIRANDOLINA È permesso?

CAVALIERE Chi è di là?

SERVITORE Comandi.

CAVALIERE Leva là quel tondo di mano.

MIRANDOLINA Perdoni. Lasci ch'io abbia l'onore di metterlo in tavola colle mie mani. (*mette in tavola la vivanda*)

CAVALIERE Questo non è offizio vostro.

MIRANDOLINA Oh signore, chi son io? Una qualche signora? Sono una serva di chi favorisce venire alla mia locanda.

CAVALIERE (Che umiltà!) (*da sé*)

MIRANDOLINA In verità, non avrei difficoltà di servire in tavola tutti, ma non lo faccio per certi riguardi: non so s'ella mi capisca. Da lei vengo senza scrupoli, con franchezza.

CAVALIERE Vi ringrazio. Che vivanda è questa?

MIRANDOLINA Egli è un intingoletto fatto colle mie mani.

CAVALIERE Sarà buono. Quando lo avete fatto voi, sarà buono.

MIRANDOLINA Oh! troppa bontà, signore. Io non so far niente di bene; ma bramerei saper fare, per dar nel genio ad un cavalier sì compito.

CAVALIERE (Domani a Livorno.) (*da sé*) Se avete che fare, non istate a disagio per me.

MIRANDOLINA Niente, signore: la casa è ben provveduta di cuochi e servitori. Avrei piacer di sentire, se quel piatto le dà nel genio.

CAVALIERE Volentieri, subito. (*lo assaggia*) Buono, prezioso. Oh che sapore! Non conosco che cosa sia.

MIRANDOLINA Eh, io, signore, ho de' secreti particolari. Queste mani sanno far delle belle cose!

CAVALIERE Dammi da bere. (*al Servitore, con qualche passione*)

MIRANDOLINA Dietro questo piatto, signore, bisogna beverlo buono.

CAVALIERE Dammi del vino di Borgogna. (*al Servitore*)

MIRANDOLINA Bravissimo. Il vino di Borgogna è prezioso. Secondo me, per pasteggiare è il miglior vino che si possa bere.

(*Il Servitore presenta la bottiglia in tavola, con un bicchiere*)

CAVALIERE Voi siete di buon gusto in tutto.

MIRANDOLINA In verità, che poche volte m'inganno.

CAVALIERE Eppure questa volta voi v'ingannate.

MIRANDOLINA In che, signore?

CAVALIERE In credere ch'io meriti d'essere da voi distinto.

MIRANDOLINA Eh, signor Cavaliere... (*sospirando*)

CAVALIERE Che cosa c'è? Che cosa sono questi sospiri? (*alterato*)

MIRANDOLINA Le dirò: delle attenzioni ne uso a tutti, e mi rattristo quando penso che non vi sono che ingrati.

CAVALIERE Io non vi sarò ingrato. (*con placidezza*)

MIRANDOLINA Con lei non pretendo di acquistar merito, facendo unicamente il mio dovere.

CAVALIERE No, no, conosco benissimo... Non sono co-
tanto rozzo quanto voi mi credete. Di me non
avrete a dolervi. (*versa il vino nel bicchiere*)

MIRANDOLINA Ma... signore... io non l'intendo.

CAVALIERE Alla vostra salute. (*beve*)

MIRANDOLINA Obbligatissima; mi onora troppo.

CAVALIERE Questo vino è prezioso.

MIRANDOLINA Il Borgogna è la mia passione.

CAVALIERE Se volete, siete padrona. (*le offerisce il vino*)

MIRANDOLINA Oh! Grazie, signore.

CAVALIERE Avete pranzato?

MIRANDOLINA Illustrissimo sì.

CAVALIERE Ne volete un bicchierino?

MIRANDOLINA Io non merito queste grazie.

CAVALIERE Davvero, ve lo do volentieri.

MIRANDOLINA Non so che dire. Riceverò le sue finezze.

CAVALIERE Porta un bicchiere. (*al Servitore*)

MIRANDOLINA No, no, se mi permette; prenderò questo. (*prende il bicchiere del Cavaliere*)

CAVALIERE Oibò. Me ne sono servito io.

MIRANDOLINA Beverò le sue bellezze. (*ridendo*)
(*Il Servitore mette l'altro bicchiere nella sottocoppa*)

CAVALIERE Eh galeotta! (*versa il vino*)

MIRANDOLINA Ma è qualche tempo che ho mangiato:
ho timore che mi faccia male.

CAVALIERE Non vi è pericolo.

MIRANDOLINA Se mi favorisse un bocconcino di pane...

CAVALIERE Volentieri. Tenete. (*le dà un pezzo di pane*)
(*Mirandolina col bicchiere in una mano, e nell'altra
il pane, mostra di stare in disagio, e non saper come
fare la zuppa*)

CAVALIERE Voi state in disagio. Volete sedere?

MIRANDOLINA Oh! Non son degna di tanto, signore.

CAVALIERE Via, via, siamo soli. Portale una sedia. (*al Servitore*)

SERVITORE (Il mio padrone vuol morire: non ha mai fatto altrettanto.) (*da sé; va a prendere la sedia*)

MIRANDOLINA Se lo sapessero il signor Conte ed il signor Marchese, povera me!

CAVALIERE Perché?

MIRANDOLINA Cento volte mi hanno voluto obbligare a bere qualche cosa, o a mangiare, e non ho mai voluto farlo.

CAVALIERE Via, accomodatevi.

MIRANDOLINA Per obbedirla. (*siede, e fa la zuppa nel vino*)

CAVALIERE Senti. (*al Servitore, piano*) (Non lo dire a nessuno, che la padrona sia stata a sedere alla mia tavola.)

SERVITORE (Non dubiti.) (*piano*) (Questa novità mi sorprende.) (*da sé*)

MIRANDOLINA Alla salute di tutto quello che dà piacere al signor Cavaliere.

CAVALIERE Vi ringrazio, padroncina garbata.

MIRANDOLINA Di questo brindisi alle donne non ne tocca.

CAVALIERE No? perché?

MIRANDOLINA Perché so che le donne non le può vedere.

CAVALIERE È vero, non le ho mai potute vedere.

MIRANDOLINA Si conservi sempre così.

CAVALIERE Non vorrei... (*si guarda dal Servitore*)

MIRANDOLINA Che cosa, signore?

CAVALIERE Sentite. (*le parla nell'orecchio*) (Non vorrei che voi mi faceste mutar natura.)

MIRANDOLINA Io, signore? Come?

CAVALIERE Va via. (*al Servitore*)

SERVITORE Comanda in tavola?

CAVALIERE Fammi cucinare due uova, e quando son cotte, portale.

SERVITORE Come le comanda le uova?

CAVALIERE Come vuoi, spicciati.

SERVITORE Ho inteso. (Il padrone si va riscaldando.) (*da sé, parte*)

CAVALIERE Mirandolina, voi siete una garbata giovine.

MIRANDOLINA Oh signore, mi burla.

CAVALIERE Sentite. Voglio dirvi una cosa vera, verissima, che ritornerà in vostra gloria.

MIRANDOLINA La sentirò volentieri.

CAVALIERE Voi siete la prima donna di questo mondo, con cui ho avuto la sofferenza di trattar con piacere.

MIRANDOLINA Le dirò, signor Cavaliere: non già ch'io meriti niente, ma alle volte si danno questi sangui che s'incontrano. Questa simpatia, questo genio, si dà anche fra persone che non si conoscono. Anch'io provo per lei quello che non ho sentito per alcun altro.

CAVALIERE Ho paura che voi mi vogliate far perdere la mia quiete.

MIRANDOLINA Oh via, signor cavaliere, se è un uomo savio, operi da suo pari. Non dia nelle debolezze degli altri. In verità, se me n'accorgo, qui non ci vengo più. Anch'io mi sento un non so che di dentro, che non ho più sentito; ma non voglio impazzire per uomini, e molto meno per uno che ha in odio le donne; e che forse forse per provarmi, e poi burlarsi di me, viene ora con un discorso nuovo a tentarmi. Signor Cavaliere, mi favorisca un altro poco di Borgogna.

CAVALIERE Eh! Basta... (*versa il vino in un bicchiere*)

MIRANDOLINA (Sta lì lì per cadere.) (*da sé*)

CAVALIERE Tenete. (*le dà il bicchiere col vino*)

MIRANDOLINA Obbligatissima. Ma ella non beve?

CAVALIERE Sì, beverò. (Sarebbe meglio che io mi ubbriacassi. Un diavolo scaccerebbe l'altro.) (*da sé, versa il vino nel suo bicchiere*)

MIRANDOLINA Signor Cavaliere. (*con vezzo*)

CAVALIERE Che c'è?

MIRANDOLINA Tocchi. (*gli fa toccare il bicchiere col suo*) Che vivano i buoni amici.

CAVALIERE Che vivano. (*un poco languente*)

MIRANDOLINA Viva... chi si vuol bene... senza malizia tocchi.

CAVALIERE Evviva...

SCENA QUINTA
Il Marchese e detti

MARCHESE Son qui ancor io. E che viva?

CAVALIERE Come, signor Marchese? (*alterato*)

MARCHESE Compatite, amico. Ho chiamato. Non c'è nessuno.

MIRANDOLINA Con sua licenza... (*vuol andar via*)

CAVALIERE Fermatevi. (*a Mirandolina*) Io non mi prendo con voi cotanta libertà. (*al Marchese*)

MARCHESE Vi domando scusa. Siamo amici. Credeva che foste solo. Mi rallegro vedervi accanto alla nostra adorabile padroncina. Ah! Che dite? Non è un capo d'opera?

MIRANDOLINA Signore, io era qui per servire il signor Cavaliere. Mi è venuto un poco di male, ed egli mi ha soccorso con un bicchierin di Borgogna.

MARCHESE È Borgogna quello? (*al Cavaliere*)

CAVALIERE Sì, è Borgogna.

MARCHESE Ma di quel vero?

CAVALIERE Almeno l'ho pagato per tale.

MARCHESE Io me n'intendo. Lasciate che lo senta, e vi saprò dire se è, o se non è.

CAVALIERE Ehi! (*chiama*)

SCENA SESTA

Il Servitore colle ova, e detti

CAVALIERE Un bicchierino al Marchese. (*al Servitore*)

MARCHESE Non tanto piccolo il bicchierino. Il Borgogna non è liquore. Per giudicarne bisogna beverne a sufficienza.

SERVITORE Ecco le ova. (*vuol metterle in tavola*)

CAVALIERE Non voglio altro.

MARCHESE Che vivanda è quella?

CAVALIERE Ova.

MARCHESE Non mi piacciono. (*il Servitore le porta via*)

MIRANDOLINA Signor Marchese, con licenza del signor Cavaliere, senta quell'intingoletto fatto colle mie mani.

MARCHESE Oh sì. Ehi. Una sedia. (*il Servitore gli reca una sedia e mette il bicchiere sulla sottocoppa*) Una forchetta.

CAVALIERE Via, recagli una posata. (*il Servitore la va a prendere*)

MIRANDOLINA Signor Cavaliere, ora sto meglio. Me n'anderò. (*s'alza*)

MARCHESE Fatemi il piacere, restate ancora un poco.

MIRANDOLINA Ma signore, ho da attendere a' fatti miei; e poi il signor Cavaliere...

MARCHESE Vi contentate ch'ella resti ancora un poco? (*al Cavaliere*)

CAVALIERE Che volete da lei?

MARCHESE Voglio farvi sentire un bicchierino di vin di Cipro, che, da che siete al mondo, non avrete sentito il compagno. E ho piacere che Mirandolina lo senta, e dica il suo parere.

CAVALIERE Via, per compiacere il signor Marchese, restate. (*a Mirandolina*)

MIRANDOLINA Il signor Marchese mi dispenserà.

MARCHESE Non volete sentirlo?

MIRANDOLINA Un'altra volta, Eccellenza.

CAVALIERE Via, restate.

MIRANDOLINA Me lo comanda? (*al Cavaliere*)

CAVALIERE Vi dico che restiate.

MIRANDOLINA Obbedisco. (*siede*)

CAVALIERE (Mi obbliga sempre più.) (*da sé*)

MARCHESE Oh che roba! Oh che intingolo! Oh che odore! Oh che sapore! (*mangiando*)

CAVALIERE (Il Marchese avrà gelosia, che siate vicina a me.) (*piano a Mirandolina*)

MIRANDOLINA (Non m'importa di lui né poco, né molto.) (*piano al Cavaliere*)

CAVALIERE (Siete anche voi nemica degli uomini?) (*piano a Mirandolina*)

MIRANDOLINA (Come ella lo è delle donne.) (*come sopra*)

CAVALIERE (Queste mie nemiche si vanno vendicando di me.) (*come sopra*)

MIRANDOLINA (Come, signore?) (*come sopra*)

CAVALIERE (Eh! furba! Voi vedrete benissimo...) (*come sopra*)

MARCHESE Amico, alla vostra salute. (*beve il vino di Borgogna*)

CAVALIERE Ebbene? Come vi pare?

MARCHESE Con vostra buona grazia, non val niente. Sentite il mio vin di Cipro.

CAVALIERE Ma dov'è questo vino di Cipro?

MARCHESE L'ho qui, l'ho portato con me, voglio che ce lo godiamo: ma! è di quello. Eccolo. (*tira fuori una bottiglia assai piccola*)

MIRANDOLINA Per quel che vedo, signor Marchese, non vuole che il suo vino ci vada alla testa.

MARCHESE Questo? Si beve a gocce, come lo spirito di melissa. Ehi? Li bicchierini. (*apre la bottiglia*)

SERVITORE (*Porta de' bicchierini da vino di Cipro*)

MARCHESE Eh, son troppo grandi. Non ne avete di più piccoli? (*copre la bottiglia colla mano*)

CAVALIERE Porta quei da rosolio. (*al Servitore*)

MIRANDOLINA Io credo che basterebbe odorarlo.

MARCHESE Uh caro! Ha un odor che consola. (*lo annasa*)

SERVITORE (*Porta tre bicchierini sulla sottocoppa*)

MARCHESE (*Versa pian piano, e non empie li bicchierini, poi lo dispensa al Cavaliere, a Mirandolina, e l'altro per sé, turando bene la bottiglia*) Che nettare! Che ambrosia! Che manna distillata! (*bevendo*)

CAVALIERE (Che vi pare di questa porcheria?) (*a Mirandolina, piano*)

MIRANDOLINA (Lavature di fiaschi.) (*al Cavaliere, piano*)

MARCHESE Ah! Che dite? (*al Cavaliere*)

CAVALIERE Buono, prezioso.

MARCHESE Ah! Mirandolina, vi piace?

MIRANDOLINA Per me, signore, non posso dissimulare; non mi piace, lo trovo cattivo, e non posso dir che sia buono. Lodo chi sa fingere. Ma chi sa fingere in una cosa, saprà fingere nell'altre ancora.

CAVALIERE (Costei mi dà un rimprovero; non capisco il perché.) (*da sé*)

MARCHESE Mirandolina, voi di questa sorta di vini non ve ne intendete. Vi compatisco. Veramente il fazzoletto che vi ho donato, l'avete conosciuto e vi è piaciuto, ma il vin di Cipro non lo conoscete. (*finisce di bere*)

MIRANDOLINA (Sente come si vanta?) (*al Cavaliere, piano*)

CAVALIERE (Io non farei così.) (*a Mirandolina, piano*)

MIRANDOLINA (Il di lei vanto sta nel disprezzare le
donne.) (*come sopra*)

CAVALIERE (E il vostro nel vincere tutti gli uomini.)
(*come sopra*)

MIRANDOLINA (Tutti no.) (*con vezzo al Cavaliere, piano*)

CAVALIERE (Tutti sì.) (*con qualche passione, piano a
Mirandolina*)

MARCHESE Ehi? Tre bicchierini politi. (*al Servitore, il
quale glieli porta sopra una sottocoppa*)

MIRANDOLINA Per me non ne voglio più.

MARCHESE No, no, non dubitate: non faccio per voi.
(*mette del vino di Cipro nei tre bicchierini*) Galantuomo, con licenza del vostro padrone, andate dal
conte d'Albafiorita, e ditegli per parte mia, forte,
che tutti sentano, che lo prego di assaggiare un
poco del mio vino di Cipro.

SERVITORE Sarà servita. (Questo non li ubbriaca certo.) (*da sé; parte*)

CAVALIERE Marchese, voi siete assai generoso

MARCHESE Io? Domandatelo a Mirandolina

MIRANDOLINA Oh certamente!

MARCHESE L'ha veduto il fazzoletto il Cavaliere? (*a
Mirandolina*)

MIRANDOLINA Non lo ha ancora veduto.

MARCHESE Lo vedrete. (*al Cavaliere*) Questo poco di
balsamo me lo salvo per questa sera. (*ripone la
bottiglia con un dito di vino avanzato*)

MIRANDOLINA Badi che non gli faccia male, signor
Marchese.

MARCHESE Eh! Sapete che cosa mi fa male? (*a Mirandolina*)

MIRANDOLINA Che cosa?

MARCHESE I vostri begli occhi.

MIRANDOLINA Davvero?

MARCHESE Cavaliere mio, io sono innamorato di costei perdutamente.

CAVALIERE Me ne dispiace.

MARCHESE Voi non avete mai provato amor per le donne. Oh, se lo provaste, compatireste ancora me.

CAVALIERE Sì, vi compatisco.

MARCHESE E son geloso come una bestia. La lascio stare vicino a voi, perché so chi siete; per altro non lo soffrirei per centomila doppie.

CAVALIERE (Costui principia a seccarmi.) (*da sé*)

SCENA SETTIMA

Il Servitore con una bottiglia sulla sottocoppa, e detti

SERVITORE Il signor Conte ringrazia V.E., e manda una bottiglia di vino di Canarie. (*al Marchese*)

MARCHESE Oh, oh, vorrà mettere il suo vin di Canarie col mio vino di Cipro? Lascia vedere. Povero pazzo! È una porcheria, lo conosco all'odore. (*s'alza, e tiene la bottiglia in mano*)

CAVALIERE Assaggiatelo prima. (*al Marchese*)

MARCHESE Non voglio assaggiar niente. Questa è una impertinenza che mi fa il Conte, compagna di tante altre. Vuol sempre starmi al di sopra. Vuol soverchiarmi, vuol provocarmi, per farmi far delle bestialità. Ma giuro al cielo, ne farò una che varrà per cento. Mirandolina, se non lo cacciate via, nasceranno delle cose grandi, sì, nasceranno delle cose grandi. Colui è un temerario. Io son chi sono, e non voglio soffrire simili affronti. (*parte, e porta via la bottiglia*)

Il Cavaliere, Mirandolina ed il Servitore

CAVALIERE Il povero Marchese è pazzo.

MIRANDOLINA Se a caso mai la bile gli facesse male, ha portato via la bottiglia per ristorarsi.

CAVALIERE È pazzo, vi dico. E voi lo avete fatto impazzare.

MIRANDOLINA Sono di quelle che fanno impazzare gli uomini?

CAVALIERE Sì, voi siete... (*con affanno*)

MIRANDOLINA Signor Cavaliere, con sua licenza. (*s'alza*)

CAVALIERE Fermatevi.

MIRANDOLINA Perdoni; io non faccio impazzare nessuno. (*andando*)

CAVALIERE Ascoltatemi. (*s'alza, ma resta alla tavola*)

MIRANDOLINA Scusi. (*andando*)

CAVALIERE Fermatevi, vi dico. (*con imperio*)

MIRANDOLINA Che pretende da me? (*con alterezza voltandosi*)

CAVALIERE Nulla. (*si confonde*) Beviamo un altro bicchier di Borgogna.

MIRANDOLINA Via signore, presto, presto, che me ne vada.

CAVALIERE Sedete.

MIRANDOLINA In piedi, in piedi.

CAVALIERE Tenete. (*con dolcezza le dà il bicchiere*)

MIRANDOLINA Faccio un brindisi, e me ne vado subito. Un brindisi che mi ha insegnato mia nonna.

Viva Bacco, e viva Amore:
L'uno e l'altro ci consola;
Uno passa per la gola,
L'altro va dagli occhi al cuore.
Bevo il vin, cogli occhi poi...
Faccio quel che fate voi. (*parte*)

SCENA NONA

Il Cavaliere, ed il Servitore

CAVALIERE Bravissima, venite qui: sentite. Ah malandrina! Se n'è fuggita. Se n'è fuggita, e mi ha lasciato cento diavoli che mi tormentano.

SERVITORE Comanda le frutta in tavola? (*al Cavaliere*)

CAVALIERE Va al diavolo ancor tu. (*il Servitore parte*) *Bevo il vin; cogli occhi poi, faccio quel che fate voi?* Che brindisi misterioso è questo? Ah maladetta, ti conosco. Mi vuoi abbattere, mi vuoi assassinare. Ma lo fa con tanta grazia! Ma sa così bene insinuarsi... Diavolo, diavolo, me la farai tu vedere? No, anderò a Livorno. Costei non la voglio più rivedere. Che non mi venga più tra i piedi. Maledettissime donne! Dove vi sono donne, lo giuro, non vi anderò mai più. (*parte*)

SCENA DECIMA

Camera del Conte.
Il Conte d'Albafiorita, Ortensia e Dejanira

CONTE Il marchese di Forlipopoli è un carattere curiosissimo. È nato nobile, non si può negare; ma fra suo padre e lui hanno dissipato, ed ora non ha appena da vivere. Tuttavolta gli piace fare il grazioso.

ORTENSIA Si vede che vorrebbe essere generoso, ma non ne ha.

DEJANIRA Dona quel poco che può, e vuole che tutto il mondo lo sappia.

CONTE Questo sarebbe un bel carattere per una delle vostre commedie.

ORTENSIA Aspetti che arrivi la compagnia, e che si vada in teatro, e può darsi che ce lo godiamo.

DEJANIRA Abbiamo noi dei personaggi, che per imitar i caratteri sono fatti a posta.

CONTE Ma se volete che ce lo godiamo, bisogna che con lui seguitiate a fingervi dame.

ORTENSIA Io lo farò certo. Ma Dejanira subito dà di bianco.*

DEJANIRA Mi vien da ridere, quando i gonzi** mi credono una signora.

CONTE Con me avete fatto bene a scoprirvi. In questa maniera mi date campo di far qualche cosa in vostro vantaggio.

ORTENSIA Il signor Conte sarà il nostro protettore.

DEJANIRA Siamo amiche, goderemo unitamente le di lei grazie.

CONTE Vi dirò. Vi parlerò con sincerità. Vi servirò, dove potrò farlo, ma ho un certo impegno, che non mi permetterà frequentare la vostra casa.

ORTENSIA Ha qualche amoretto, signor Conte?

CONTE Sì, ve lo dirò in confidenza. La padrona della locanda.

ORTENSIA Capperi! Veramente una gran signora! Mi maraviglio di lei, signor Conte, che si perda con una locandiera!

DEJANIRA Sarebbe minor male, che si compiacesse d'impiegare le sue finezze per una comica.

CONTE Il far all'amor con voi altre, per dirvela, mi piace poco. Ora ci siete, ora non ci siete.

ORTENSIA Non è meglio così, signore? In questa maniera non si eternano le amicizie, e gli uomini non si rovinano.

---

* "Dar di bianco" in gergo è lo stesso che "sbianchire", cioè "scoprire".
** "Gonzi" chiamano tutti quelli che non sono di teatro, o di simile professione.

CONTE Ma io, tant'è, sono impegnato; le voglio bene, e non la vo' disgustare.

DEJANIRA Ma che cosa ha di buono costei?

CONTE Oh! Ha del buono assai.

ORTENSIA Ehi, Dejanira. È bella, rossa. (*fa cenno che si belletta*)

CONTE Ha un grande spirito.

DEJANIRA Oh, in materia di spirito, la vorreste metter con noi?

CONTE Ora basta. Sia come esser si voglia; Mirandolina mi piace, e se volete la mia amicizia, avete a dirne bene, altrimenti fate conto di non avermi mai conosciuto.

ORTENSIA Oh signor Conte, per me dico che Mirandolina è una dea Venere.

DEJANIRA Sì, sì, vero. Ha dello spirito, parla bene.

CONTE Ora mi date gusto.

ORTENSIA Quando non vuol altro, sarà servito.

CONTE Oh! Avete veduto quello ch'è passato per sala? (*osservando dentro la scena*)

ORTENSIA L'ho veduto.

CONTE Quello è un altro bel carattere da commedia.

ORTENSIA In che genere?

CONTE È uno che non può vedere le donne.

DEJANIRA Oh che pazzo!

ORTENSIA Avrà qualche brutta memoria di qualche donna.

CONTE Oibò; non è mai stato innamorato. Non ha mai voluto trattar con donne. Le sprezza tutte, e basta dire che egli disprezza ancora Mirandolina.

ORTENSIA Poverino! Se mi ci mettessi attorno io, scommetto lo farei cambiare opinione.

DEJANIRA Veramente una gran cosa! Questa è un'impresa che la vorrei pigliare sopra di me.

CONTE Sentite, amiche. Così per puro divertimento.

Se vi dà l'animo d'innamorarlo, da cavaliere vi faccio un bel regalo.

ORTENSIA Io non intendo essere ricompensata per questo: lo farò per mio spasso.

DEJANIRA Se il signor Conte vuol usarci qualche finezza, non l'ha da fare per questo. Sinché arrivano i nostri compagni, ci divertiremo un poco.

CONTE Dubito che non farete niente.

ORTENSIA Signor Conte, ha ben poca stima di noi.

DEJANIRA Non siamo vezzose come Mirandolina; ma finalmente sappiamo qualche poco il viver del mondo.

CONTE Volete che lo mandiamo a chiamare?

ORTENSIA Faccia come vuole.

CONTE Ehi? Chi è di là?

SCENA UNDICESIMA

Il Servitore del Conte, e detti

CONTE Di' al cavaliere di Ripafratta, che favorisca venir da me, che mi preme parlargli. (*al Servitore*)

SERVITORE Nella sua camera so che non c'è.

CONTE L'ho veduto andar verso la cucina. Lo troverai.

SERVITORE Subito. (*parte*)

CONTE (Che mai è andato a far verso la cucina? Scommetto che è andato a strapazzare Mirandolina, perché gli ha dato mal da mangiare.) (*da sé*)

ORTENSIA Signor Conte, io aveva pregato il signor Marchese che mi mandasse il suo calzolaro, ma ho paura di non vederlo.

CONTE Non pensate altro. Vi servirò io.

DEJANIRA A me aveva il signor Marchese promesso un fazzoletto. Ma! ora me lo porta!

CONTE De' fazzoletti ne troveremo.

DEJANIRA Egli è che ne avevo proprio di bisogno.

CONTE Se questo vi gradisce, siete padrona. È pulito. (*le offre il suo di seta*)

DEJANIRA Obbligatissima alle sue finezze.

CONTE Oh! Ecco il Cavaliere. Sarà meglio che sostenghiate il carattere di dame, per poterlo meglio obbligare ad ascoltarvi per civiltà. Ritiratevi un poco indietro; che, se vi vede, fugge.

ORTENSIA Come si chiama?

CONTE Il cavaliere di Ripafratta, toscano.

DEJANIRA Ha moglie?

CONTE Non può vedere le donne.

ORTENSIA È ricco? (*ritirandosi*)

CONTE Sì. Molto.

DEJANIRA È generoso? (*ritirandosi*)

CONTE Piuttosto.

DEJANIRA Venga, venga. (*si ritira*)

ORTENSIA Tempo, e non dubiti. (*si ritira*)

SCENA DODICESIMA

Il Cavaliere e detti

CAVALIERE Conte, siete voi che mi volete?

CONTE Sì; io v'ho dato il presente incomodo.

CAVALIERE Che cosa posso far per servirvi?

CONTE Queste due dame hanno bisogno di voi. (*gli addita le due donne, le quali subito s'avanzano*)

CAVALIERE Disimpegnatemi. Io non ho tempo di trattenermi.

ORTENSIA Signor Cavaliere, non intendo di recargli incomodo.

DEJANIRA Una parola in grazia, signor Cavaliere.

CAVALIERE Signore mie, vi supplico perdonarmi. Ho un affar di premura.

ORTENSIA In due parole vi sbrighiamo.

DEJANIRA Due paroline, e non più, signore.

CAVALIERE (Maledettissimo Conte!) (*da sé*)

CONTE Caro amico, due dame che pregano, vuole la civiltà che si ascoltino.

CAVALIERE Perdonate. In che vi posso servire? (*alle donne, con serietà*)

ORTENSIA Non siete voi toscano, signore?

CAVALIERE Sì, signora.

DEJANIRA Avrete degli amici in Firenze?

CAVALIERE Ho degli amici, e ho de' parenti.

DEJANIRA Sappiate, signore... Amica, principiate a dir voi. (*ad Ortensia*)

ORTENSIA Dirò, signor Cavaliere... Sappia che un certo caso...

CAVALIERE Via, signore, vi supplico. Ho un affar di premura.

CONTE Orsù, capisco che la mia presenza vi dà soggezione. Confidatevi con libertà al Cavaliere, ch': vi levo l'incomodo. (*partendo*)

CAVALIERE No, amico, restate... Sentite...

CONTE So il mio dovere. Servo di lor signore. (*parte*)

SCENA TREDICESIMA

Ortensia, Dejanira ed il Cavaliere

ORTENSIA Favorisca, sediamo.

CAVALIERE Scusi, non ho volontà di sedere.

DEJANIRA Così rustico colle donne?

CAVALIERE Favoriscano dirmi che cosa vogliono.

ORTENSIA Abbiamo bisogno del vostro aiuto, della vostra protezione, della vostra bontà.

CAVALIERE Che cosa vi è accaduto?

DEJANIRA I nostri mariti ci hanno abbandonate.

CAVALIERE Abbandonate? Come! Due dame abbandonate? Chi sono i vostri mariti? (*con alterezza*)

DEJANIRA Amica, non vado avanti sicuro. (*ad Ortensia*)

ORTENSIA (È tanto indiavolato, che or ora mi confondo ancor io.) (*da sé*)

CAVALIERE Signore, vi riverisco. (*in atto di partire*)

ORTENSIA Come! Così ci trattate?

DEJANIRA Un cavaliere tratta così?

CAVALIERE Perdonatemi. Io son uno che amo assai la mia pace. Sento due dame abbandonate dai loro mariti. Qui ci saranno degl'impegni non pochi; io non sono atto a' maneggi. Vivo a me stesso. Dame riveritissime, da me non potete sperare né consiglio, né aiuto.

ORTENSIA Oh via, dunque; non lo tenghiamo più in soggezione il nostro amabilissimo cavaliere.

DEJANIRA Sì, parliamogli con sincerità.

CAVALIERE Che nuovo linguaggio è questo?

ORTENSIA Noi non siamo dame.

CAVALIERE No?

DEJANIRA Il signor Conte ha voluto farvi uno scherzo.

CAVALIERE Lo scherzo è fatto. Vi riverisco. (*vuol partire*)

ORTENSIA Fermatevi un momento.

CAVALIERE Che cosa volete?

DEJANIRA Degnateci per un momento della vostra amabile conversazione.

CAVALIERE Ho che fare. Non posso trattenermi.

ORTENSIA Non vi vogliamo già mangiar niente.

DEJANIRA Non vi leveremo la vostra riputazione.

ORTENSIA Sappiamo che non potete vedere le donne.

CAVALIERE Se lo sapete, l'ho caro. Vi riverisco. (*vuol partire*)

ORTENSIA Ma sentite: noi non siamo donne che possano darvi ombra.

CAVALIERE Chi siete?

ORTENSIA Diteglielo voi, Dejanira.

DEJANIRA Glielo potete dire anche voi.

CAVALIERE Via, chi siete?

ORTENSIA Siamo due commedianti.

CAVALIERE Due commedianti! Parlate, parlate, che non ho più paura di voi. Sono ben prevenuto in favore dell'arte vostra.

ORTENSIA Che vuol dire? Spiegatevi.

CAVALIERE So che fingete in iscena e fuori di scena; e con tal prevenzione non ho paura di voi.

DEJANIRA Signore, fuori di scena io non so fingere.

CAVALIERE Come si chiama ella? La signora Sincera? (*a Dejanira*)

DEJANIRA Io mi chiamo...

CAVALIERE È ella la signora Buonalana? (*ad Ortensia*)

ORTENSIA Caro signor Cavaliere...

CAVALIERE Come si diletta di miccheggiare?* (*ad Ortensia*)

ORTENSIA Io non sono...

CAVALIERE I gonzi** come li tratta, padrona mia? (*a Dejanira*)

DEJANIRA Non son di quelle...

CAVALIERE Anch'io so parlar in gergo.

ORTENSIA Oh che caro signor Cavaliere! (*vuol prenderlo per un braccio*)

CAVALIERE Basse le cere.*** (*dandole nelle mani*)

ORTENSIA Diamine! Ha più del contrasto, che del cavaliere.

* "Pelare", "scroccare".
** "Gli amanti".
*** "Le cere" in gergo vuol dire "le mani".

CAVALIERE Contrasto vuol dir contadino. Vī ho capito. E vi dirò che siete due impertinenti.

DEJANIRA A me questo?

ORTENSIA A una donna della mia sorte?

CAVALIERE Bello quel viso trionfato!* (*ad Ortensia*)

ORTENSIA (Asino!) (*parte*)

CAVALIERE Bello quel tuppè finto! (*a Dejanira*)

DEJANIRA (Maledetto!) (*parte*)

SCENA QUATTORDICESIMA
Il Cavaliere, poi il di lui Servitore

CAVALIERE Ho trovata ben io la maniera di farle andare.
Che si pensavano? Di tirarmi nella rete? Povere
sciocche! Vadano ora dal Conte e gli narrino la bella
scena. Se erano dame, per rispetto mi conveniva
fuggire; ma quando posso, le donne le strapazzo col
maggior piacere del mondo. Non ho però potuto
strapazzar Mirandolina. Ella mi ha vinto con tanta
civiltà, che mi trovo obbligato quasi ad amarla. Ma
è donna; non me ne voglio fidare. Voglio andar via.
Domani anderò via. Ma se aspetto a domani? Se
vengo questa sera a dormir a casa, chi mi assicura
che Mirandolina non finisca di rovinarmi? (*pensa*)
Sì; facciamo una risoluzione da uomo.

SERVITORE Signore.

CAVALIERE Che cosa vuoi?

SERVITORE Il signor Marchese è nella di lei camera
che l'aspetta, perché desidera di parlargli.

CAVALIERE Che vuole codesto pazzo? Denari non me

---

* "Trionfato" in gergo vuol dire "bellettato", "lisciato".

ne cava più di sotto. Che aspetti, e quando sarà
stracco di aspettare, se n'anderà. Va dal cameriere
della locanda, e digli che subito porti il mio conto.

SERVITORE Sarà obbedita. (*in atto di partire*)

CAVALIERE Senti. Fa che da qui a due ore siano pronti
i bauli.

SERVITORE Vuol partir forse?

CAVALIERE Sì, portami qui la spada ed il cappello,
senza che se n'accorga il Marchese.

SERVITORE Ma se mi vede fare i bauli?

CAVALIERE Dica ciò che vuole. M'hai inteso.

SERVITORE (Oh, quanto mi dispiace andar via, per
causa di Mirandolina!) (*da sé, parte*)

CAVALIERE Eppur è vero. Io sento nel partire di qui
una dispiacenza nuova, che non ho mai provata.
Tanto peggio per me, se vi restassi. Tanto più presto mi convien partire. Sì, donne, sempre più dirò
male di voi; sì, voi ci fate del male, ancora quando
ci volete fare del bene.

SCENA QUINDICESIMA
Fabrizio e detto

FABRIZIO È vero, signore, che vuole il conto?

CAVALIERE Sì, l'avete portato?

FABRIZIO Adesso la padrona lo fa.

CAVALIERE Ella fa i conti?

FABRIZIO Oh, sempre ella. Anche quando viveva suo
padre. Scrive e sa far di conto meglio di qualche
giovane di negozio.

CAVALIERE (Che donna singolare è costei!) (*da sé*)

FABRIZIO Ma vuol ella andar via così presto?

CAVALIERE Sì, così vogliono i miei affari.

FABRIZIO La prego di ricordarsi del cameriere.

CAVALIERE Portate il conto, e so quello che devo fare.

FABRIZIO Lo vuol qui il conto?

CAVALIERE Lo voglio qui; in camera per ora non ci vado.

FABRIZIO Fa bene; in camera sua vi è quel seccatore del signor Marchese. Carino! Fa l'innamorato della padrona; ma può leccarsi le dita. Mirandolina deve esser mia moglie.

CAVALIERE Il conto. (*alterato*)

FABRIZIO La servo subito. (*parte*)

SCENA SEDICESIMA
Il Cavaliere solo

Tutti sono invaghiti di Mirandolina. Non è maraviglia, se ancor io principiava a sentirmi accendere. Ma anderò via; supererò questa incognita forza... Che vedo? Mirandolina? Che vuole da me? Ha un foglio in mano. Mi porterà il conto. Che cosa ho da fare? Convien soffrire quest'ultimo assalto. Già da qui a due ore io parto.

SCENA DICIASSETTESIMA
Mirandolina con un foglio in mano, e detto

MIRANDOLINA Signore. (*mestamente*)

CAVALIERE Che c'è, Mirandolina?

MIRANDOLINA Perdoni. (*stando indietro*)

CAVALIERE Venite avanti.

MIRANDOLINA Ha domandato il suo conto; l'ho servita. (*mestamente*)

CAVALIERE Date qui.

MIRANDOLINA Eccolo. (*si asciuga gli occhi col grembiale, nel dargli il conto*)

CAVALIERE Che avete? Piangete?

MIRANDOLINA Niente, signore, mi è andato del fumo negli occhi.

CAVALIERE Del fumo negli occhi? Eh! basta... quanto importa il conto? (*legge*) Venti paoli? In quattro giorni un trattamento sì generoso: venti paoli?

MIRANDOLINA Quello è il suo conto.

CAVALIERE E i due piatti particolari che mi avete dato questa mattina, non ci sono nel conto?

MIRANDOLINA Perdoni. Quel ch'io dono, non lo metto in conto.

CAVALIERE Me li avete voi regalati?

MIRANDOLINA Perdoni la libertà. Gradisca per un atto di... (*si copre, mostrando di piangere*)

CAVALIERE Ma che avete?

MIRANDOLINA Non so se sia il fumo, o qualche flussione di occhi.

CAVALIERE Non vorrei che aveste patito, cucinando per me quelle due preziose vivande.

MIRANDOLINA Se fosse per questo, lo soffrirei... volentieri... (*mostra trattenersi di piangere*)

CAVALIERE (Eh, se non vado via!) (*da sé*) Orsù, tenete. Queste sono due doppie. Godetele per amor mio.. e compatitemi... (*s'imbroglia*)

MIRANDOLINA (*Senza parlare, cade come svenuta sopra una sedia*)

CAVALIERE Mirandolina. Ahimè! Mirandolina. È svenuta. Che fosse innamorata di me? Ma così presto? E perché no? Non sono io innamorato di lei? Cara Mirandolina... Cara? Io cara ad una donna? Ma se è svenuta per me. Oh, come tu sei bella! Avessi qualche cosa per farla rinvenire. Io che non pratico donne, non ho spiriti, non ho ampolle. Chi è di là? Vi è nessuno? Presto... Anderò io. Poverina! Che tu sia benedetta! (*parte, e poi ritorna*)

MIRANDOLINA Ora poi è caduto affatto. Molte sono le nostre armi, colle quali si vincono gli uomini. Ma quando sono ostinati, il colpo di riserva sicurissimo è uno svenimento. Torna, torna. (*si mette come sopra*)

CAVALIERE (*Torna con un vaso d'acqua*) Eccomi, eccomi. E non è ancor rinvenuta. Ah, certamente costei mi ama. (*la spruzza, ed ella si va movendo*) Animo, animo. Son qui, cara. Non partirò più per ora.

SCENA DICIOTTESIMA

Il Servitore colla spada e cappello, e detti

SERVITORE Ecco la spada ed il cappello. (*al Cavaliere*)
CAVALIERE Va via. (*al Servitore, con ira*)
SERVITORE I bauli...
CAVALIERE Va via, che tu sia maledetto.
SERVITORE Mirandolina...
CAVALIERE Va, che ti spacco la testa. (*lo minaccia col vaso; il Servitore parte*) E non rinviene ancora? La fronte le suda. Via, cara Mirandolina, fatevi coraggio, aprite gli occhi. Parlatemi con libertà.

SCENA DICIANNOVESIMA

Il Marchese ed il Conte, e detti

MARCHESE Cavaliere?
CONTE Amico?
CAVALIERE (Oh maledetti!) (*va smaniando*)
MARCHESE Mirandolina.
MIRANDOLINA Oimè! (*s'alza*)
MARCHESE Io l'ho fatta rinvenire.

CONTE Mi rallegro, signor Cavaliere.

MARCHESE Bravo quel signore, che non può vedere le donne.

CAVALIERE Che impertinenza?

CONTE Siete caduto?

CAVALIERE Andate al diavolo quanti siete. (*getta il vaso in terra, e lo rompe verso il Conte ed il Marchese, e parte furiosamente*)

CONTE Il Cavaliere è diventato pazzo. (*parte*)

MARCHESE Di questo affronto voglio soddisfazione. (*parte*)

MIRANDOLINA L'impresa è fatta. Il di lui cuore è in fuoco, in fiamma, in cenere. Restami solo, per compiere la mia vittoria, che si renda pubblico il mio trionfo, a scorno degli uomini presuntuosi, e ad onore del nostro sesso. (*parte*)

Atto terzo

Camera di Mirandolina
con tavolino e biancheria da stirare.
Mirandolina, poi Fabrizio

MIRANDOLINA Orsù, l'ora del divertimento è passata. Voglio ora badare a' fatti miei. Prima che questa biancheria si prosciughi del tutto, voglio stirarla. Ehi, Fabrizio.

FABRIZIO Signora.

MIRANDOLINA Fatemi un piacere. Portatemi il ferro caldo.

FABRIZIO Signora sì. (*con serietà, in atto di partire*)

MIRANDOLINA Scusate, se do a voi questo disturbo.

FABRIZIO Niente, signora. Finché io mangio il vostro pane, sono obbligato a servirvi. (*vuol partire*)

MIRANDOLINA Fermatevi; sentite: non siete obbligato a servirmi in queste cose; ma so che per me lo fate volentieri, ed io... basta, non dico altro.

FABRIZIO Per me vi porterei l'acqua colle orecchie. Ma vedo che tutto è gettato via.

MIRANDOLINA Perché gettato via? Sono forse un'ingrata?

FABRIZIO Voi non degnate i poveri uomini. Vi piace troppo la nobiltà.

MIRANDOLINA Uh povero pazzo! Se vi potessi dir tutto! Via, via, andatemi a pigliar il ferro.

FABRIZIO Ma se ho veduto io con questi miei occhi...

MIRANDOLINA Andiamo, meno ciarle. Portatemi il ferro.

FABRIZIO Vado, vado, vi servirò, ma per poco. (*andando*)

MIRANDOLINA Con questi uomini, più che loro si vuol bene, si fa peggio. (*mostrando parlar da sé, ma per esser sentita*)

FABRIZIO Che cosa avete detto? (*con tenerezza, tornando indietro*)

MIRANDOLINA Via, mi portate questo ferro?

FABRIZIO Sì, ve lo porto. (Non so niente. Ora la mi tira su, ora la mi butta giù. Non so niente.) (*da sé, parte*)

SCENA SECONDA

Mirandolina, poi il Servitore del Cavaliere

MIRANDOLINA Povero sciocco! Mi ha da servire a suo marcio dispetto. Mi par di ridere a far che gli uomini facciano a modo mio. E quel caro signor Cavaliere, ch'era tanto nemico delle donne? Ora, se volessi, sarei padrona di fargli fare qualunque bestialità.

SERVITORE Signora Mirandolina.

MIRANDOLINA Che c'è, amico?

SERVITORE Il mio padrone la riverisce, e manda a vedere come sta?

MIRANDOLINA Ditegli che sto benissimo.

SERVITORE Dice così, che beva un poco di questo spirito di melissa, che le farà assai bene. (*le dà una boccetta d'oro*)

MIRANDOLINA È d'oro questa boccetta?

SERVITORE Sì signora, d'oro, lo so di sicuro.

MIRANDOLINA Perché non mi ha dato lo spirito di melissa, quando mi è venuto quell'orribile svenimento?

SERVITORE Allora questa boccetta egli non l'aveva.

MIRANDOLINA Ed ora come l'ha avuta?

SERVITORE Sentite. In confidenza. Mi ha mandato ora a chiamar un orefice, l'ha comprata, e l'ha pagata dodici zecchini; e poi mi ha mandato dallo speziale a comprar lo spirito.

MIRANDOLINA Ah, ah, ah. (*ride*)

SERVITORE Ridete?

MIRANDOLINA Rido, perché mi manda il medicamento, dopo che son guarita del male.

SERVITORE Sarà buono per un'altra volta.

MIRANDOLINA Via, ne beverò un poco per preservativo. (*beve*) Tenete, ringraziatelo. (*gli vuol dar la boccetta*)

SERVITORE Oh! la boccetta è vostra.

MIRANDOLINA Come mia?

SERVITORE Sì. Il padrone l'ha comprata a posta.

MIRANDOLINA A posta per me?

SERVITORE Per voi; ma zitto.

MIRANDOLINA Portategli la sua boccetta, e ditegli che lo ringrazio.

SERVITORE Eh via.

MIRANDOLINA Vi dico che gliela portiate, che non la voglio.

SERVITORE Gli volete far quest'affronto?

MIRANDOLINA Meno ciarle. Fate il vostro dovere. Tenete.

SERVITORE Non occorr'altro. Gliela porterò. (Oh che donna! Ricusa dodici zecchini! Una simile non l'ho più ritrovata, e durerò fatica a trovarla.) (*da sé, parte*)

MIRANDOLINA Uh, è cotto, stracotto e biscottato! Ma siccome quel che ho fatto con lui, non l'ho fatto per interesse, voglio ch'ei confessi la forza delle donne, senza poter dire che sono interessate e venali.

FABRIZIO Ecco qui il ferro. (*sostenuto, col ferro da stirare in mano*)

MIRANDOLINA È ben caldo?

FABRIZIO Signora sì, è caldo; così foss'io abbruciato.

MIRANDOLINA Che cosa vi è di nuovo?

FABRIZIO Questo signor Cavaliere manda le ambasciate, manda i regali. Il servitore me l'ha detto.

MIRANDOLINA Signor sì, mi ha mandato una boccettina d'oro, ed io gliel'ho rimandata indietro.

FABRIZIO Gliel'avete rimandata indietro?

MIRANDOLINA Sì, domandatelo al servitore medesimo.

FABRIZIO Perché gliel'avete rimandata indietro?

MIRANDOLINA Perché... Fabrizio... non dica... Orsù, non parliamo altro.

FABRIZIO Cara Mirandolina, compatitemi.

MIRANDOLINA Via, andate, lasciatemi stirare.

FABRIZIO Io non v'impedisco di fare...

MIRANDOLINA Andatemi a preparare un altro ferro, e quando è caldo, portatelo.

FABRIZIO Sì, vado. Credetemi, che se parlo...

MIRANDOLINA Non dite altro. Mi fate venire la rabbia.

FABRIZIO Sto cheto. (Ell'è una testolina bizzarra, ma le voglio bene.) (*da sé, parte*)

MIRANDOLINA Anche questa è buona. Mi faccio merito con Fabrizio d'aver ricusata la boccetta d'oro del Cavaliere. Questo vuol dir saper vivere, saper fare, saper profittare di tutto, con buona grazia, con pulizia, con un poco di disinvoltura. In materia d'accortezza, non voglio che si dica ch'io faccio torto al sesso. (*va stirando*)

SCENA QUARTA

Il Cavaliere e detta

CAVALIERE (Eccola. Non ci volevo venire, e il diavolc mi ci ha strascinato.) (*da sé, indietro*)

MIRANDOLINA (Eccolo, eccolo.) (*lo vede colla coda dell'occhio, e stira*)

CAVALIERE Mirandolina?

MIRANDOLINA Oh signor Cavaliere! Serva umilissima. (*stirando*)

CAVALIERE Come state?

MIRANDOLINA Benissimo, per servirla. (*stirando senza guardarlo*)

CAVALIERE Ho motivo di dolermi di voi.

MIRANDOLINA Perché, signore? (*guardandolo un poco*)

CAVALIERE Perché avete ricusato una piccola boccettina, che vi ho mandato.

MIRANDOLINA Che voleva ch'io ne facessi? (*stirando*)

CAVALIERE Servirvene nelle occorrenze.

MIRANDOLINA Per grazia del cielo, non sono soggetta agli svenimenti. Mi è accaduto oggi quello che non mi è accaduto mai più. (*stirando*)

CAVALIERE Cara Mirandolina... non vorrei esser io stato cagione di quel funesto accidente.

MIRANDOLINA Eh sì, ho timore che ella appunto ne sia stata la causa. (*stirando*)

CAVALIERE Io? Davvero? (*con passione*)

MIRANDOLINA Mi ha fatto bere quel maledetto vino di Borgogna, e mi ha fatto male. (*stirando con rabbia*)

CAVALIERE Come? Possibile? (*rimane mortificato*)

MIRANDOLINA È così senz'altro. In camera sua non ci vengo mai più. (*stirando*)

CAVALIERE V'intendo. In camera mia non ci verrete più? Capisco il mistero. Sì, lo capisco. Ma venite-ci, cara, che vi chiamerete contenta. (*amoroso*)

MIRANDOLINA Questo ferro è poco caldo. Ehi; Fabri-zio? se l'altro ferro è caldo, portatelo. (*forte verso la scena*)

CAVALIERE Fatemi questa grazia, tenete questa boc-cetta.

MIRANDOLINA In verità, signor Cavaliere, dei regali io non ne prendo. (*con disprezzo, stirando*)

CAVALIERE Li avete pur presi dal conte d'Albafiorita.

MIRANDOLINA Per forza. Per non disgustarlo. (*stirando*)

CAVALIERE E vorreste fare a me questo torto? e disgu-starmi?

MIRANDOLINA Che importa a lei, che una donna la di-sgusti? Già le donne non le può vedere.

CAVALIERE Ah, Mirandolina! ora non posso dire così.

MIRANDOLINA Signor Cavaliere, a che ora fa la luna nuova?

CAVALIERE Il mio cambiamento non è lunatico. Que-sto è un prodigio della vostra bellezza, della vostra grazia.

MIRANDOLINA Ah, ah, ah. (*ride forte, e stira*)

CAVALIERE Ridete?

MIRANDOLINA Non vuol che rida? Mi burla, e non vuol ch'io rida?

CAVALIERE Eh furbetta! Vi burlo eh? Via, prendete questa boccetta.

MIRANDOLINA Grazie, grazie. (*stirando*)

CAVALIERE Prendetela, o mi farete andare in collera.

MIRANDOLINA Fabrizio, il ferro. (*chiamando forte, con caricatura*)

CAVALIERE La prendete, o non la prendete? (*alterato*)

MIRANDOLINA Furia, furia. (*prende la boccetta, e con disprezzo la getta nel paniere della biancheria*)

CAVALIERE La gettate così?

MIRANDOLINA Fabrizio! (*chiama forte, come sopra*)

SCENA QUINTA

Fabrizio col ferro, e detti

FABRIZIO Son qua. (*vedendo il Cavaliere, s'ingelosisce*)

MIRANDOLINA È caldo bene? (*prende il ferro*)

FABRIZIO Signora sì. (*sostenuto*)

MIRANDOLINA Che avete, che mi parete turbato? (*a Fabrizio, con tenerezza*)

FABRIZIO Niente, padrona, niente.

MIRANDOLINA Avete male? (*come sopra*)

FABRIZIO Datemi l'altro ferro, se volete che lo metta nel fuoco.

MIRANDOLINA In verità, ho paura che abbiate male. (*come sopra*)

CAVALIERE Via, dategli il ferro, e che se ne vada.

MIRANDOLINA Gli voglio bene, sa ella? È il mio cameriere fidato. (*al Cavaliere*)

CAVALIERE (Non posso più.) (*da sé, smaniando*)

MIRANDOLINA Tenete, caro, scaldatelo. (*dà il ferro a Fabrizio*)

FABRIZIO Signora padrona... (*con tenerezza*)

MIRANDOLINA Via, via, presto. (*lo scaccia*)

FABRIZIO (Che vivere è questo? Sento che non posso più.) (*da sé, parte*)

SCENA SESTA
Il Cavaliere e Mirandolina

CAVALIERE Gran finezze, signora, al suo cameriere!

MIRANDOLINA E per questo, che cosa vorrebbe dire?

CAVALIERE Si vede che ne siete invaghita.

MIRANDOLINA Io innamorata di un cameriere? Mi fa un bel complimento, signore; non sono di sì cattivo gusto io. Quando volessi amare, non getterei il mio tempo sì malamente. (*stirando*)

CAVALIERE Voi meritereste l'amore di un re.

MIRANDOLINA Del re di spade, o del re di coppe? (*stirando*)

CAVALIERE Parliamo sul serio, Mirandolina, e lasciamo gli scherzi.

MIRANDOLINA Parli pure, che io l'ascolto. (*stirando*)

CAVALIERE Non potreste per un poco lasciar di stirare?

MIRANDOLINA Oh perdoni! Mi preme allestire questa biancheria per domani.

CAVALIERE Vi preme dunque quella biancheria più di me?

MIRANDOLINA Sicuro. (*stirando*)

CAVALIERE E ancora lo confermate?

MIRANDOLINA Certo. Perché di questa biancheria me ne ho da servire, e di lei non posso far capitale di niente. (*stirando*)

CAVALIERE Anzi potete dispor di me con autorità.

MIRANDOLINA Eh, che ella non può vedere le donne.

CAVALIERE Non mi tormentate più. Vi siete vendicata abbastanza. Stimo voi, stimo le donne che sono della vostra sorte, se pur ve ne sono. Vi stimo, vi amo, e vi domando pietà.

MIRANDOLINA Sì signore, glielo diremo. (*stirando in fretta, si fa cadere un manicotto*)

CAVALIERE (*Leva di terra il manicotto, e glielo dà*) Credetemi...

MIRANDOLINA Non s'incomodi.

CAVALIERE Voi meritate di esser servita.

MIRANDOLINA Ah, ah, ah. (*ride forte*)

CAVALIERE Ridete?

MIRANDOLINA Rido, perché mi burla.

CAVALIERE Mirandolina, non posso più.

MIRANDOLINA Le vien male?

CAVALIERE Sì, mi sento mancare.

MIRANDOLINA Tenga il suo spirito di melissa. (*gli getta con disprezzo la boccetta*)

CAVALIERE Non mi trattate con tanta asprezza. Credetemi, vi amo, ve lo giuro. (*vuol prenderle la mano, ed ella col ferro lo scotta*) Aimè!

MIRANDOLINA Perdoni: non l'ho fatto apposta.

CAVALIERE Pazienza! Questo è niente. Mi avete fatto una scottatura più grande.

MIRANDOLINA Dove, signore?

CAVALIERE Nel cuore.

MIRANDOLINA Fabrizio. (*chiama ridendo*)

CAVALIERE Per carità, non chiamate colui.

MIRANDOLINA Ma se ho bisogno dell'altro ferro.

CAVALIERE Aspettate... (ma no...) chiamerò il mio servitore.

MIRANDOLINA Eh! Fabrizio... (*vuol chiamar Fabrizio*)

CAVALIERE Giuro al cielo, se viene colui, gli spacco la testa.

MIRANDOLINA Oh, questa è bella! Non mi potrò servire della mia gente?

CAVALIERE Chiamate un altro; colui non lo posso vedere.

MIRANDOLINA Mi pare ch'ella si avanzi un poco troppo, signor Cavaliere. (*si scosta dal tavolino col ferro in mano*)

CAVALIERE Compatitemi... son fuor di me.

MIRANDOLINA Anderò io in cucina, e sarà contento

CAVALIERE No, cara, fermatevi.

MIRANDOLINA È una cosa curiosa questa. (*passeggiando*)

CAVALIERE Compatitemi. (*le va dietro*)

MIRANDOLINA Non posso chiamar chi voglio? (*passeggia*)

CAVALIERE Lo confesso. Ho gelosia di colui. (*le va dietro*)

MIRANDOLINA (Mi vien dietro come un cagnolino.) (*da sé, passeggiando*)

CAVALIERE Questa è la prima volta ch'io provo che cosa sia amore.

MIRANDOLINA Nessuno mi ha mai comandato. (*camminando*)

CAVALIERE Non intendo di comandarvi: vi prego. (*la segue*)

MIRANDOLINA Che cosa vuole da me? (*voltandosi con alterezza*)

CAVALIERE Amore, compassione, pietà.

MIRANDOLINA Un uomo che stamattina non poteva veder le donne, oggi chiede amore e pietà? Non gli abbado, non può essere, non gli credo. (Crepa, schiatta, impara a disprezzar le donne.) (*da sé, parte*)

SCENA SETTIMA
Cavaliere solo

Oh maledetto il punto, in cui ho principiato a mirar costei! Son caduto nel laccio, e non vi è più rimedio.

SCENA OTTAVA

Il Marchese e detto

MARCHESE Cavaliere, voi mi avete insultato.

CAVALIERE Compatitemi, fu un accidente.

MARCHESE Mi maraviglio di voi.

CAVALIERE Finalmente il vaso non vi ha colpito.

MARCHESE Una gocciola d'acqua mi ha macchiato il vestito.

CAVALIERE Torno a dir, compatitemi.

MARCHESE Questa è una impertinenza.

CAVALIERE Non l'ho fatto apposta. Compatitemi per la terza volta.

MARCHESE Voglio soddisfazione.

CAVALIERE Se non volete compatirmi, se volete soddisfazione, son qui, non ho soggezione di voi.

MARCHESE Ho paura che questa macchia non voglia andar via; questo è quello che mi fa andare in collera. (cangiandosi)

CAVALIERE Quando un cavaliere vi chiede scusa, che pretendete di più? (con isdegno)

MARCHESE Se non l'avete fatto a malizia, lasciamo andare.

CAVALIERE Vi dico, che son capace di darvi qualunque soddisfazione.

MARCHESE Via, non parliamo altro.

CAVALIERE Cavaliere malnato.

MARCHESE Oh questa è bella! A me è passata la collera, e voi ve la fate venire.

CAVALIERE Ora per l'appunto mi avete trovato in buona luna.

MARCHESE Vi compatisco, so che male avete.

CAVALIERE I fatti vostri io non li ricerco.

MARCHESE Signor inimico delle donne, ci siete caduto eh?

CAVALIERE Io? Come?

MARCHESE Sì, siete innamorato...

CAVALIERE Sono il diavolo che vi porti.

MARCHESE Che serve nascondersi?...

CAVALIERE Lasciatemi stare, che giuro al cielo ve ne farò pentire. (*parte*)

SCENA NONA
Marchese solo

È innamorato, si vergogna, e non vorrebbe che si sapesse. Ma forse non vorrà che si sappia, perché ha paura di me; avrà soggezione a dichiararsi per mio rivale. Mi dispiace assaissimo di questa macchia; se sapessi come fare a levarla! Queste donne sogliono avere della terra da levar le macchie. (*osserva nel tavolino e nel paniere*) Bella questa boccetta! Che sia d'oro o di princisbech? Eh, sarà di princisbech: se fosse d'oro, non la lascierebbero qui; se vi fosse dell'acqua della regina, sarebbe buona per levar questa macchia. (*apre, odora e gusta*) È spirito di melissa. Tant'e tanto sarà buono. Voglio provare.

SCENA DECIMA
Dejanira e detto

DEJANIRA Signor Marchese, che fa qui solo? Non favorisce mai?

MARCHESE Oh signora Contessa. Veniva or ora per riverirla.

DEJANIRA Che cosa stava facendo?

MARCHESE Vi dirò. Io sono amantissimo della pulizia. Voleva levare questa piccola macchia.

DEJANIRA Con che, signore?

MARCHESE Con questo spirito di melissa.

DEJANIRA Oh perdoni, lo spirito di melissa non serve, anzi farebbe venire la macchia più grande.

MARCHESE Dunque, come ho da fare?

DEJANIRA Ho io un segreto per cavar le macchie.

MARCHESE Mi farete piacere a insegnarmelo.

DEJANIRA Volentieri. M'impegno con uno scudo far andar via quella macchia, che non si vedrà nemmeno dove sia stata.

MARCHESE Vi vuole uno scudo?

DEJANIRA Sì, signore, vi pare una grande spesa?

MARCHESE È meglio provare lo spirito di melissa.

DEJANIRA Favorisca: è buono quello spirito?

MARCHESE Prezioso, sentite. (*le dà la boccetta*)

DEJANIRA Oh, io ne so fare del meglio. (*assaggiandolo*)

MARCHESE Sapete fare degli spiriti?

DEJANIRA Sì, signore mi diletto di tutto.

MARCHESE Brava, damina, brava. Così mi piace.

DEJANIRA Sarà d'oro questa boccetta?

MARCHESE Non volete? È oro sicuro. (Non conosce l'oro dal princisbech.) (*da sé*)

DEJANIRA È sua, signor Marchese?

MARCHESE È mia, e vostra se comandate.

DEJANIRA Obbligatissima alle sue grazie. (*la mette via*)

MARCHESE Eh! so che scherzate.

DEJANIRA Come? Non me l'ha esibita?

MARCHESE Non è cosa da vostra pari. È una bagattella. Vi servirò di cosa migliore, se ne avete voglia.

DEJANIRA Oh, mi maraviglio. È anche troppo. La ringrazio, signor Marchese.

MARCHESE Sentite. In confidenza. Non è oro. È princisbech.

DEJANIRA Tanto meglio. La stimo più che se fosse

oro. E poi, quel che viene dalle sue mani, è tutto prezioso.

MARCHESE Basta. Non so che dire: servitevi, se vi degnate. (Pazienza! Bisognerà pagarla a Mirandolina. Che cosa può valere? Un filippo?) (*da sé*)

DEJANIRA Il signor Marchese è un cavalier generoso.

MARCHESE Mi vergogno a regalar queste bagattelle. Vorrei che quella boccetta fosse d'oro.

DEJANIRA In verità, pare propriamente oro. (*la tira fuori, e la osserva*) Ognuno s'ingannerebbe.

MARCHESE È vero, chi non ha pratica dell'oro, s'inganna; ma io lo conosco subito.

DEJANIRA Anche al peso par che sia oro.

MARCHESE E pur non è vero.

DEJANIRA Voglio farla vedere alla mia compagna.

MARCHESE Sentite, signora Contessa, non la fate vedere a Mirandolina. È una ciarliera. Non so se mi capite.

DEJANIRA Intendo benissimo. La fo vedere solamente ad Ortensia.

MARCHESE Alla Baronessa?

DEJANIRA Sì, sì, alla Baronessa. (*ridendo parte*)

SCENA UNDICESIMA

Il Marchese, poi il Servitore del Cavaliere

MARCHESE Credo che se ne rida, perché mi ha levato con quel bel garbo la boccettina. Tant'era se fosse stata d'oro. Manco male, che con poco l'aggiusterò. Se Mirandolina vorrà la sua boccetta, gliela pagherò, quando ne avrò.

SERVITORE (*Cerca sul tavolino*) Dove diamine sarà questa boccetta?

MARCHESE Che cosa cercate, galantuomo?

SERVITORE Cerco una boccettina di spirito di melissa. La signora Mirandolina la vorrebbe. Dice che l'ha lasciata qui, ma non la ritrovo.

MARCHESE Era una boccettina di princisbech?

SERVITORE No signore, era d'oro.

MARCHESE D'oro?

SERVITORE Certo che era d'oro. L'ho veduta comprar io per dodici zecchini. (*cerca*)

MARCHESE (Oh povero me!) (*da sé*) Ma come lasciar così una boccetta d'oro?

SERVITORE Se l'è scordata, ma io non la trovo.

MARCHESE Mi pare ancora impossibile che fosse d'oro.

SERVITORE Era oro, gli dico. L'ha forse veduta V.E.?

MARCHESE Io?... Non ho veduto niente.

SERVITORE Basta. Le dirò che non la trovo. Suo danno. Doveva mettersela in tasca. (*parte*)

SCENA DODICESIMA
Il Marchese, poi il Conte

MARCHESE Oh povero marchese di Forlipopoli! Ho donata una boccetta d'oro, che val dodici zecchini, e l'ho donata per princisbech. Come ho da regolarmi in un caso di tanta importanza? Se ricupero la boccetta dalla Contessa, mi fo ridicolo presso di lei; se Mirandolina viene a scoprire ch'io l'abbia avuta, è in pericolo il mio decoro. Son cavaliere. Devo pagarla. Ma non ho danari.

CONTE Che dite, signor Marchese, della bellissima novità?

MARCHESE Di qual novità?

CONTE Il cavaliere Selvatico, il disprezzator delle donne, è innamorato di Mirandolina.

MARCHESE L'ho caro. Conosca suo malgrado il merito

di questa donna; veda che io non m'invaghisco di
chi non merita; e peni e crepi per gastigo della sua
impertinenza.

CONTE Ma se Mirandolina gli corrisponde?

MARCHESE Ciò non può essere. Ella non farà a me
questo torto. Sa chi sono. Sa cosa ho fatto per lei.

CONTE Io ho fatto per essa assai più di voi. Ma tutto è
gettato. Mirandolina coltiva il cavaliere di Ripafratta, ha usato verso di lui quelle attenzioni che
non ha praticato né a voi, né a me; e vedesi che,
colle donne, più che si sa, meno si merita, e che
burlandosi esse di chi le adora, corrono dietro a
chi le disprezza.

MARCHESE Se ciò fosse vero... ma non può essere.

CONTE Perché non può essere?

MARCHESE Vorreste mettere il Cavaliere a confronto
di me?

CONTE Non l'avete veduta voi stesso sedere alla di lui
tavola? Con noi ha praticato mai un atto di simile
confidenza? A lui biancheria distinta. Servito in
tavola prima di tutti. Le pietanze gliele fa ella colle
sue mani. I servidori vedono tutto, e parlano. Fabrizio freme di gelosia. E poi quello svenimento,
vero o finto che fosse, non è segno manifesto d'a-
more?

MARCHESE Come! A lui si fanno gl'intingoli saporiti, e
a me carnaccia di bue, e minestra di riso lungo?
Sì, è vero, questo è uno strapazzo al mio grado, alla mia condizione.

CONTE Ed io che ho speso tanto per lei?

MARCHESE Ed io che la regalava continuamente?
Le ho fino dato da bere di quel mio vino di Cipro
così prezioso. Il Cavaliere non avrà fatto con costei una minima parte di quello che abbiamo fatto noi.

CONTE Non dubitate, che anch'egli l'ha regalata.

MARCHESE Sì? Che cosa le ha donato?

CONTE Una boccettina d'oro con dello spirito di melissa.

MARCHESE (Oimè!) (*da sé*) Come lo avete saputo?

CONTE Il di lui servidore l'ha detto al mio.

MARCHESE (Sempre peggio. Entro in un impegno col Cavaliere.) (*da sé*)

CONTE Vedo che costei è un'ingrata; voglio assolutamente lasciarla. Voglio partire or ora da questa locanda indegna.

MARCHESE Sì, fate bene, andate.

CONTE E voi che siete un cavaliere di tanta riputazione, dovreste partire con me.

MARCHESE Ma... dove dovrei andare?

CONTE Vi troverò io un alloggio. Lasciate pensare a me.

MARCHESE Quest'alloggio... sarà per esempio...

CONTE Andremo in casa d'un mio paesano. Non ispenderemo nulla.

MARCHESE Basta, siete tanto mio amico, che non posso dirvi di no.

CONTE Andiamo, e vendichiamoci di questa femmina sconoscente.

MARCHESE Sì, andiamo. (Ma come sarà poi della boccetta? Son cavaliere, non posso fare una mal'azione.) (*da sé*)

CONTE Non vi pentite, signor Marchese, andiamo via di qui. Fatemi questo piacere, e poi comandatemi dove posso, che vi servirò.

MARCHESE Vi dirò. In confidenza, ma che nessuno lo sappia. Il mio fattore mi ritarda qualche volta le mie rimesse...

CONTE Le avete forse da dar qualche cosa?

MARCHESE Sì, dodici zecchini.

CONTE Dodici zecchini? Bisogna che sia dei mesi, che non pagate.

MARCHESE Così è, le devo dodici zecchini. Non posso di qua partire senza pagarla. Se voi mi faceste il piacere...

CONTE Volentieri. Eccovi dodici zecchini. (*tira fuori la borsa*)

MARCHESE Aspettate. Ora che mi ricordo, sono tredici. (Voglio rendere il suo zecchino anche al Cavaliere.) (*da sé*)

CONTE Dodici o tredici è lo stesso per me. Tenete.

MARCHESE Ve li renderò quanto prima.

CONTE Servitevi quanto vi piace. Danari a me non me ne mancano; e per vendicarmi di costei, spenderei mille doppie.

MARCHESE Sì, veramente è un'ingrata. Ho speso tanto per lei, e mi tratta così.

CONTE Voglio rovinare la sua locanda. Ho fatto andar via anche quelle due commedianti.

MARCHESE Dove sono le commedianti?

CONTE Erano qui: Ortensia e Dejanira.

MARCHESE Come! Non sono dame?

CONTE No. Sono due comiche. Sono arrivati i loro compagni, e la favola è terminata.

MARCHESE (La mia boccetta!) (*da sé*) Dove sono alloggiate?

CONTE In una casa vicino al teatro.

MARCHESE (Vado subito a ricuperare la mia boccetta.) (*da sé, parte*)

CONTE Con costei mi voglio vendicar così. Il Cavaliere poi, che ha saputo fingere per tradirmi, in altra maniera me ne renderà conto. (*parte*)

SCENA TREDICESIMA

Camera con tre porte.
Mirandolina sola

Oh meschina me! Sono nel brutto impegno! Se il Cavaliere mi arriva, sto fresca. Si è indiavolato maledettamente. Non vorrei che il diavolo lo tentasse di venir qui. Voglio chiudere questa porta. (*serra la porta da dove è venuta*) Ora principio quasi a pentirmi di quel che ho fatto. È vero che mi sono assai divertita nel farmi correr dietro a tal segno un superbo, un disprezzator delle donne; ma ora che il satiro è sulle furie, vedo in pericolo la mia riputazione e la mia vita medesima. Qui mi convien risolvere qualche cosa di grande. Son sola, non ho nessuno dal cuore che mi difenda. Non ci sarebbe altri che quel buon uomo di Fabrizio, che in un tal caso mi potesse giovare. Gli prometterò di sposarlo... Ma... prometti, prometti, si stancherà di credermi... Sarebbe quasi meglio ch'io lo sposassi davvero. Finalmente con un tal matrimonio posso sperar di mettere al coperto il mio interesse e la mia riputazione, senza pregiudicare alla mia libertà.

SCENA QUATTORDICESIMA

Il Cavaliere di dentro, e detta; poi Fabrizio.
Il Cavaliere batte per di dentro alla porta

MIRANDOLINA Battono a questa porta: chi sarà mai? (*s'accosta*)
CAVALIERE Mirandolina. (*di dentro*)
MIRANDOLINA (L'amico è qui.) (*da sé*)
CAVALIERE Mirandolina, apritemi. (*come sopra*)

MIRANDOLINA (Aprirgli? Non sono sì gonza.) Che comanda, signor Cavaliere?

CAVALIERE Apritemi. (*di dentro*)

MIRANDOLINA Favorisca andare nella sua camera, e mi aspetti, che or ora sono da lei.

CAVALIERE Perché non volete aprirmi? (*come sopra*)

MIRANDOLINA Arrivano de' forestieri. Mi faccia questa grazia, vada, che or ora sono da lei.

CAVALIERE Vado: se non venite, povera voi. (*parte*)

MIRANDOLINA Se non venite, povera voi! Povera me, se vi andassi. La cosa va sempre peggio. Rimediamoci, se si può. È andato via? (*guarda al buco della chiave*) Sì, sì, è andato. Mi aspetta in camera, ma non vi vado. Ehi? Fabrizio. (*ad un'altra porta*) Sarebbe bella che ora Fabrizio si vendicasse di me, e non volesse... Oh, non vi è pericolo. Ho io certe manierine, certe smorfiette, che bisogna che caschino, se fossero di macigno. Fabrizio. (*chiama ad un'altra porta*)

FABRIZIO Avete chiamato?

MIRANDOLINA Venite qui; voglio farvi una confidenza.

FABRIZIO Son qui.

MIRANDOLINA Sappiate che il cavaliere di Ripafratta si è scoperto innamorato di me.

FABRIZIO Eh, me ne son accorto.

MIRANDOLINA Sì? Ve ne siete accorto? Io in verità non me ne sono mai avveduta.

FABRIZIO Povera semplice! Non ve ne siete accorta! Non avete veduto, quando stiravate col ferro, le smorfie che vi faceva? La gelosia che aveva di me?

MIRANDOLINA Io che opero senza malizia, prendo le cose con indifferenza. Basta; ora mi ha dette certe parole, che in verità, Fabrizio, mi hanno fatto arrossire.

FABRIZIO Vedete: questo vuol dire perché siete una

giovane sola, senza padre, senza madre, senza nessuno. Se foste maritata, non anderebbe così.

MIRANDOLINA Orsù, capisco che dite bene; ho pensato di maritarmi.

FABRIZIO Ricordatevi di vostro padre.

MIRANDOLINA Sì, me ne ricordo.

SCENA QUINDICESIMA

Il Cavaliere di dentro e detti.
Il Cavaliere batte alla porta dove era prima

MIRANDOLINA Picchiano. (*a Fabrizio*)

FABRIZIO Chi è che picchia? (*forte verso ιa porta*)

CAVALIERE Apritemi. (*di dentro*)

MIRANDOLINA Il Cavaliere. (*a Fabrizio*)

FABRIZIO Che cosa vuole? (*s'accosta per aprirgli*)

MIRANDOLINA Aspettate ch'io parta.

FABRIZIO Di che avete timore?

MIRANDOLINA Caro Fabrizio, non so, ho paura della mia onestà. (*parte*)

FABRIZIO Non dubitate, io vi difenderò.

CAVALIERE Apritemi, giuro al cielo. (*di dentro*)

FABRIZIO Che comanda, signore? Che strepiti sono questi? In una locanda onorata non si fa così.

CAVALIERE Apri questa porta. (*si sente che la sforza*)

FABRIZIO Cospetto del diavolo! Non vorrei precipitare. Uomini, chi è di là? Non ci è nessuno?

SCENA SEDICESIMA

Il Marchese ed il Conte dalla porta di mezzo, e detti

CONTE Che c'è? (*sulla porta*)

MARCHESE Che rumore è questo? (*sulla porta*)

FABRIZIO Signori, li prego: il signor cavaliere di Ripafratta vuole sforzar quella porta. (*piano, che il Cavaliere non senta*)

CAVALIERE Aprimi, o la getto abbasso. (*di dentro*)

MARCHESE Che sia diventato pazzo? Andiamo via. (*al
Conte*)

CONTE Apritegli. (*a Fabrizio*) Ho volontà per appunto
di parlar con lui.

FABRIZIO Aprirò; ma le supplico...

CONTE Non dubitate. Siamo qui noi.

MARCHESE (Se vedo niente niente, me la colgo.) (*da sé*)
(*Fabrizio apre, ed entra il Cavaliere*)

CAVALIERE Giuro al cielo, dov'è?

FABRIZIO Chi cerca, signore?

CAVALIERE Mirandolina dov'è?

FABRIZIO Io non lo so.

MARCHESE (L'ha con Mirandolina. Non è niente.) (*da sé*)

CAVALIERE Scellerata, la troverò. (*s'incammina, e scopre il Conte e il Marchese*)

CONTE Con chi l'avete? (*al Cavaliere*)

MARCHESE Cavaliere, noi siamo amici.

CAVALIERE (Oimè! Non vorrei per tutto l'oro del mondo che nota fosse questa mia debolezza.) (*da sé*)

FABRIZIO Che cosa vuole, signore, dalla padrona?

CAVALIERE A te non devo rendere questi conti. Quando comando, voglio esser servito. Pago i miei denari per questo, e giuro al cielo, ella avrà che fare
con me.

FABRIZIO V.S. paga i suoi denari per essere servito
nelle cose lecite e oneste: ma non ha poi da pretendere, la mi perdoni, che una donna onorata...

CAVALIERE Che dici tu? Che sai tu? Tu non entri ne'
fatti miei. So io quel che ho ordinato a colei.

FABRIZIO Le ha ordinato di venire nella sua camera.

CAVALIERE Va via, briccone, che ti rompo il cranio.

FABRIZIO Mi maraviglio di lei.

MARCHESE Zitto. (*a Fabrizio*)

CONTE Andate via. (*a Fabrizio*)

CAVALIERE Vattene via di qui. (*a Fabrizio*)

FABRIZIO Dico, signore... (*riscaldandosi*)

MARCHESE Via. ⎤
CONTE Via. ⎦ (*lo cacciano via*)

FABRIZIO (Corpo di bacco! Ho proprio voglia di precipitare.) (*da sé, parte*)

SCENA DICIASSETTESIMA

Il Cavaliere, il Marchese ed il Conte

CAVALIERE (Indegna! Farmi aspettar nella camera?)
(*da sé*)

MARCHESE (Che diamine ha?) (*piano al Conte*)

CONTE (Non lo vedete? È innamorato di Mirandolina.)

CAVALIERE (E si trattiene con Fabrizio? E parla seco
di matrimonio?) (*da sé*)

CONTE (Ora è il tempo di vendicarmi.) (*da sé*) Signor
Cavaliere, non conviene ridersi delle altrui debolezze quando si ha un cuor fragile come il vostro.

CAVALIERE Di che intendete voi di parlare?

CONTE So da che provengono le vostre smanie.

CAVALIERE Intendete voi di che parli? (*alterato, al Marchese*)

MARCHESE Amico, io non so niente.

CONTE Parlo di voi, che col pretesto di non poter soffrire le donne, avete tentato rapirmi il cuore di Mirandolina, ch'era già mia conquista.

CAVALIERE Io? (*alterato, verso il Marchese*)

MARCHESE Io non parlo.

CONTE Voltatevi a me, a me rispondete. Vi vergogna-
te forse d'aver mal proceduto?

CAVALIERE Io mi vergogno d'ascoltarvi più oltre, senza dirvi che voi mentite.

CONTE A me una mentita?

MARCHESE (La cosa va peggiorando.) (*da sé*)

CAVALIERE Con qual fondamento potete voi dire?... (Il Conte non sa ciò che si dica.) (*al Marchese, irato*)

MARCHESE Ma io non me ne voglio impicciare.

CONTE Voi siete un mentitore.

MARCHESE Vado via. (*vuol partire*)

CAVALIERE Fermatevi. (*lo trattiene per forza*)

CONTE E mi renderete conto...

CAVALIERE Sì, vi renderò conto... Datemi la vostra spada. (*al Marchese*)

MARCHESE Eh via, acquietatevi tutti due. Caro Conte, cosa importa a voi che il Cavaliere ami Mirandolina?...

CAVALIERE Io l'amo? Non è vero; mente chi lo dice.

MARCHESE Mente? La mentita non viene a me. Non sono io che lo dico.

CAVALIERE Chi dunque?

CONTE Io lo dico e lo sostengo, e non ho soggezione di voi.

CAVALIERE Datemi quella spada. (*al Marchese*)

MARCHESE No, dico.

CAVALIERE Siete ancora voi mio nemico?

MARCHESE Io sono amico di tutti.

CONTE Azioni indegne son queste.

CAVALIERE Ah giuro al Cielo! (*leva la spada al Marchese, la quale esce col fodero*)

MARCHESE Non mi perdete il rispetto. (*al Cavaliere*)

CAVALIERE Se vi chiamate offeso, darò soddisfazione anche a voi. (*al Marchese*)

MARCHESE Via; siete troppo caldo. (Mi dispiace...) (*da sé, rammaricandosi*)

CONTE Io voglio soddisfazione. (*si mette in guardia*)

CAVALIERE Ve la darò. (*vuol levar il fodero, e non può*)

MARCHESE Quella spada non vi conosce...

CAVALIERE Oh maledetta! (*sforza per cavarlo*)

MARCHESE Cavaliere, non farete niente...

CONTE Non ho più sofferenza.

CAVALIERE Eccola. (*cava la spada, e vede essere mezza lama*) Che è questo?

MARCHESE Mi avete rotta la spada.

CAVALIERE Il resto dov'è? Nel fodero non v'è niente.

MARCHESE Sì, è vero; l'ho rotta nell'ultimo duello; non me ne ricordavo.

CAVALIERE Lasciatemi provveder d'una spada. (*al Conte*)

CONTE Giuro al cielo, non mi fuggirete di mano.

CAVALIERE Che fuggire? Ho cuore di farvi fronte anche con questo pezzo di lama.

MARCHESE È lama di Spagna, non ha paura.

CONTE Non tanta bravura, signor gradasso.

CAVALIERE Sì, con questa lama. (*s'avventa verso il Conte*)

CONTE Indietro. (*si pone in difesa*)

SCENA DICIOTTESIMA
Mirandolina, Fabrizio e detti

FABRIZIO Alto, alto, padroni.

MIRANDOLINA Alto, signori miei, alto.

CAVALIERE (Ah maledetta!) (*vedendo Mirandolina*)

MIRANDOLINA Povera me! Colle spade?

MARCHESE Vedete? Per causa vostra.

MIRANDOLINA Come per causa mia?

CONTE Eccolo lì il signor Cavaliere. È innamorato di voi.

CAVALIERE Io innamorato? Non è vero; mentite.

MIRANDOLINA Il signor Cavaliere innamorato di me?
Oh no, signor Conte, ella s'inganna. Posso assicurarla, che certamente s'inganna.

CONTE Eh, che siete voi pur d'accordo...

MARCHESE Si sa, si vede...

CAVALIERE Che si sa? Che si vede? (*alterato, verso il Marchese*)

MARCHESE Dico, che quando è, si sa... Quando non è, non si vede.

MIRANDOLINA Il signor Cavaliere innamorato di me?
Egli lo nega, e negandolo in presenza mia, mi mortifica, mi avvilisce, e mi fa conoscere la sua costanza e la mia debolezza. Confesso il vero, che se riuscito mi fosse d'innamorarlo, avrei creduto di fare la maggior prodezza del mondo. Un uomo che non può vedere le donne, che le disprezza, che le ha in mal concetto, non si può sperare d'innamorarlo. Signori miei, io sono una donna schietta e sincera: quando devo dir, dico, e non posso celare la verità. Ho tentato d'innamorare il signor Cavaliere, ma non ho fatto niente. È vero, signore? Ho fatto, ho fatto, e non ho fatto niente. (*al Cavaliere*)

CAVALIERE (Ah! Non posso parlare.) (*da sé*)

CONTE Lo vedete? Si confonde. (*a Mirandolina*)

MARCHESE Non ha coraggio di dir di no. (*a Mirandolina*)

CAVALIERE Voi non sapete quel che vi dite. (*al Marchese, irato*)

MARCHESE E sempre l'avete con me. (*al Cavaliere, dolcemente*)

MIRANDOLINA Oh, il signor Cavaliere non s'innamora.
Conosce l'arte. Sa la furberia delle donne: alle parole non crede; delle lagrime non si fida. Degli svenimenti poi se ne ride.

CAVALIERE Sono dunque finte le lagrime delle donne, sono mendaci gli svenimenti?

MIRANDOLINA Come! Non lo sa, o finge di non saperlo?

CAVALIERE Giuro al cielo! Una tal finzione meriterebbe uno stile nel cuore.

MIRANDOLINA Signor Cavaliere, non si riscaldi, perché questi signori diranno ch'è innamorato davvero.

CONTE Sì, lo è, non lo può nascondere.

MARCHESE Si vede negli occhi.

CAVALIERE No, non lo sono. (*irato al Marchese*)

MARCHESE E sempre con me.

MIRANDOLINA No signore, non è innamorato. Lo dico, lo sostengo, e son pronta a provarlo.

CAVALIERE (Non posso più.) (*da sé*) Conte, ad altro tempo mi troverete provveduto di spada. (*getta via la mezza spada del Marchese*)

MARCHESE Ehi! la guardia costa denari. (*la prende di terra*)

MIRANDOLINA Si fermi, signor Cavaliere, qui ci va della sua riputazione. Questi signori credono ch'ella sia innamorato; bisogna disingannarli.

CAVALIERE Non vi è questo bisogno.

MIRANDOLINA Oh sì, signore. Si trattenga un momento.

CAVALIERE (Che far intende costei?) (*da sé*)

MIRANDOLINA Signori, il più certo segno d'amore è quello della gelosia, e chi non sente la gelosia, certamente non ama. Se il signor Cavaliere mi amasse, non potrebbe soffrire ch'io fossi d'un altro, ma egli lo soffrirà, e vedranno...

CAVALIERE Di chi volete voi essere?

MIRANDOLINA Di quello a cui mi ha destinato mio padre.

FABRIZIO Parlate forse di me? (*a Mirandolina*)

MIRANDOLINA Sì, caro Fabrizio, a voi in presenza di questi cavalieri vo' dar la mano di sposa.

CAVALIERE (Oimè! Con colui? non ho cuor di soffrir-
lo.) (*da sé, smaniando*)

CONTE (Se sposa Fabrizio, non ama il Cavaliere.) (*da
sé*) Sì, sposatevi, e vi prometto trecento scudi.

MARCHESE Mirandolina, è meglio un ovo oggi, che
una gallina domani. Sposatevi ora, e vi do subito
dodici zecchini.

MIRANDOLINA Grazie, signori, non ho bisogno di dote.
Sono una povera donna senza grazia, senza brio,
incapace d'innamorar persone di merito. Ma Fabrizio mi vuol bene, ed io in questo punto alla presenza loro lo sposo...

CAVALIERE Sì, maledetta, sposati a chi tu vuoi. So che
tu m'ingannasti, so che trionfi dentro di te medesima d'avermi avvilito, e vedo sin dove vuoi cimen-
tare la mia tolleranza. Meriteresti che io pagassi
gl'inganni tuoi con un pugnale nel seno; meriteresti ch'io ti strappassi il cuore, e lo recassi in mostra alle femmine lusinghiere, alle femmine ingan-
natrici. Ma ciò sarebbe un doppiamente avvilirmi.
Fuggo dagli occhi tuoi: maledico le tue lusinghe,
le tue lagrime, le tue finzioni; tu mi hai fatto conoscere qual infausto potere abbia sopra di noi il tuo
sesso, e mi hai fatto a costo mio imparare, che per
vincerlo non basta, no, disprezzarlo, ma ci conviene fuggirlo. (*parte*)

SCENA DICIANNOVESIMA
Mirandolina, il Conte, il Marchese e Fabrizio

CONTE Dica ora di non essere innamorato.

MARCHESE Se mi dà un'altra mentita, da cavaliere lo
sfido.

MIRANDOLINA Zitto, signori, zitto. È andato via, e se

non torna, e se la cosa passa così, posso dire di essere fortunata. Pur troppo, poverino, mi è riuscito d'innamorarlo, e mi son messa ad un brutto rischio. No ne vo' saper altro. Fabrizio, vien qui, caro, dammi la mano.

FABRIZIO La mano? Piano un poco, signora. Vi dilettate di innamorar la gente in questa maniera, e credete ch'io vi voglia sposare?

MIRANDOLINA Eh via, pazzo! È stato uno scherzo, una bizzarria, un puntiglio. Ero fanciulla, non avevo nessuno che mi comandasse. Quando sarò maritata, so io quel che farò.

FABRIZIO Che cosa farete?

SCENA ULTIMA

Il Servitore del Cavaliere e detti

SERVITORE Signora padrona, prima di partire son venuto a riverirvi.

MIRANDOLINA Andate via?

SERVITORE Sì. Il padrone va alla Posta. Fa attaccare: mi aspetta colla roba, e ce ne andiamo a Livorno.

MIRANDOLINA Compatite, se non vi ho fatto...

SERVITORE Non ho tempo da trattenermi. Vi ringrazio, e vi riverisco. (*parte*)

MIRANDOLINA Grazie al cielo, è partito. Mi resta qualche rimorso; certamente è partito con poco gusto. Di questi spassi non me ne cavo mai più.

CONTE Mirandolina, fanciulla o maritata che siate, sarò lo stesso per voi.

MARCHESE Fate pur capitale della mia protezione.

MIRANDOLINA Signori miei, ora che mi marito, non voglio protettori, non voglio spasimati, non voglio regali. Sinora mi sono divertita, e ho fatto male, e

mi sono arrischiata troppo, e non lo voglio fare
mai più. Questi è mio marito...

FABRIZIO Ma piano, signora...

MIRANDOLINA Che piano! Che cosa c'è? Che difficoltà
ci sono? Andiamo. Datemi quella mano.

FABRIZIO Vorrei che facessimo prima i nostri patti.

MIRANDOLINA Che patti? Il patto è questo: o dammi la
mano, o vattene al tuo paese.

FABRIZIO Vi darò la mano... ma poi...

MIRANDOLINA Ma poi, sì, caro, sarò tutta tua; non dubitare di me, ti amerò sempre, sarai l'anima mia.

FABRIZIO Tenete, cara, non posso più. (*le dà la mano*)

MIRANDOLINA (Anche questa è fatta.) (*da sé*)

CONTE Mirandolina, voi siete una gran donna, voi
avete l'abilità di condur gli uomini dove volete.

MARCHESE Certamente la vostra maniera obbliga infinitamente.

MIRANDOLINA Se è vero ch'io possa sperar grazie da
lor signori, una ne chiedo loro per ultimo.

CONTE Dite pure.

MARCHESE Parlate.

FABRIZIO (Che cosa mai adesso domanderà?) (*da sé*)

MIRANDOLINA Le supplico per atto di grazia, a provvedersi d'un'altra locanda.

FABRIZIO (Brava; ora vedo che la mi vuol bene.) (*da sé*)

CONTE Sì, vi capisco e vi lodo. Me n'anderò, ma do-
vunque io sia, assicuratevi della mia stima.

MARCHESE Ditemi: avete voi perduta una boccettina
d'oro?

MIRANDOLINA Sì signore.

MARCHESE Eccola qui. L'ho io ritrovata, e ve la rendo.
Partirò per compiacervi, ma in ogni luogo fate pur
capitale della mia protezione.

MIRANDOLINA Queste espressioni mi saran care, nei
limiti della convenienza e dell'onestà. Cambiando

stato, voglio cambiar costume; e lor signori ancora profittino di quanto hanno veduto, in vantaggio e sicurezza del loro cuore; e quando mai si trovassero in occasioni di dubitare, di dover cedere, di dover cadere, pensino alle malizie imparate, e si ricordino della Locandiera.

Fine della Commedia

Appendice di testimonianze

Riteniamo di far cosa utile al lettore mettendogli a disposizione, in questa appendice, alcuni documenti (non tutti di facile consultazione) relativi alla genesi e alla fortuna della *Locandiera*.

1. *Maddalena Raffi Marliani, prima Mirandolina*

Una lettera del 1751, un brano dalla diciassettesima prefazione all'edizione Pasquali (1761-78) delle commedie goldoniane, un capitolo (il quattordicesimo della seconda parte) dei *Mémoires* (1784-87) testimoniano, in varia misura, dell'inserimento nella compagnia di Girolamo Medebach (per il quale Goldoni scrive in esclusiva dal 1748), presso il teatro Sant'Angelo di Venezia, della «Corallina» Maddalena Raffi Marliani.

Ecco la lettera, indirizzata a Giuseppe Antonio Arconati Visconti (1698-1763), consigliere dell'imperatrice Maria Teresa d'Austria, conosciuto da Goldoni nel 1750. La «moglie del Brighella» – di cui nella lettera si discorre – è, appunto, Maddalena, sorella minore di Gasparo Raffi, andata in sposa a Giuseppe Marliani, in arte Brighella-Arlecchino. Leggiamo il documento, che è, tra l'altro, di grande interesse per comprendere la fatica, intellettuale e fisica, di Goldoni al termine della stesura, in un anno, delle celebri sedici «commedie nuove»:

Al Conte
GIUSEPPE ANTONIO ARCONATI VISCONTI

Eccellenza Venendo io assicurato dal Medebach dover tornare la di lui compagnia in Milano nella estate ventura, sono consolatissimo per dover anch'io rivedere codesta gran città, in cui con tanta benignità sono stato accolto e compatito, e specialmente per aver l'onore di baciar la mano all'E.V., mio amorosissimo protettore. Spero per altro anticiparmi un tal contento nel passaggio ch'io farò da costì per Turino, il che succederà probabilmente verso la Pasqua di Resurrezione, che però, se V.S. ha da onorarmi di qualche comando prima della mia partenza da questa città, farò più lietamente il mio viaggio. Col terminare del carnevale, ho dato fine alle mie gravose fatiche, e posso dire che fino all'ultim'ora sono stato colla mente e colla persona occupato, mentre la decimasesta commedia l'ho posta in scena l'ultima sera di carnevale, con un concorso sì numeroso che più di 300 persone ritornarono indietro per mancanza di luogo, e ho avuta la consolazione di sentirla universalmente gradire, e poter far credere che dopo quindici commedie e quattro drammi non avevo ancora stancata la fantasia. Protesto però all'E.V. che una fatica simile non la farò mai più, e credo da nessuno sia stata fatta, e i miei amici tremavano che io non adempissi al gravoso impegno, e i nemici mi preparavano le fischiate. Avrei desiderato poter render conto a V.E. delle vicende teatrali di qui di mano in mano che andavano accadendo, ma tempo non avevo per farlo, e poco me ne restava per dormire, e meno per divertirmi. Mi riserbo personalmente esserle di qualche trattenimento colle vaghe storielle che riguardano la gara di questi teatri, sperando ritrovare in V.E. la solita benignità e clemenza, che siccome mi è stata di consolazione costì, mi è tuttavia e mi sarà sempre di gloria ovunque mi troverò, nel rammemorarla.

Questa Compagnia ha cambiato l'Arlecchino, e sarà Ferdinando Colombo. Ha cambiato parimenti la Serva, e sarà la moglie di Brighella, che fu assai buona, e si spera tale tuttoché sei anni sia stata in riposo, avendo dello spirito e dell'abilità.

Delle sedici mie commedie nuove, sette ne hanno fatte l'anno scorso costì, onde ne restano nove a vedere. Oltre a queste, procurerò farne alcune in quest'anno, e farò in modo che si possano recitare costì. Milano è per me una città adorabile, e ho tutto l'impegno di conservarmi l'amore di chi mi sa compatire.

Supplico principalmente l'E.V. degnarmi della continuazione benignissima dell'alto suo patrocinio, nel mentre con profondissimo ossequio mi rassegno...

CARLO GOLDONI[1]

Venezia, li 27 Febbraio 1751

Segue un brano della prefazione al diciassettesimo tomo dell'edizione Pasquali. Per quest'editore veneziano il Goldoni scrisse diciassette prefazioni ad altrettanti tomi del suo teatro, le prime quattro nell'ultimo anno (1761-62) del suo soggiorno veneziano; le tredici restanti a Parigi. Ne avrebbe scritte altre ancora, ma l'edizione s'interruppe per motivi economici (il lettore può leggerle tutte e diciassette, sotto il titolo di *Memorie italiane*, in un volume dei Classici Oscar, insieme al *Teatro comico*, la commedia-manifesto di Goldoni.)

Dalla diciassettesima e ultima abbiamo tratto la pagina che segue, che fa un po' la storia a ritroso della compagnia di danzatori-acrobati del Marliani, portati dal più maturo Medebach dal «casotto» di piazza San Marco al teatrino di San Mosè, e da qui poi «travasati» nella sua compagnia al Sant'Angelo:

---

[1] Da *Tutte le opere di Carlo Goldoni*, a cura di Giuseppe Ortolani, vol. XIV, *Lettere*, Mondadori, Milano 1956, pp. 174-75.

Erano già tre anni, che portavasi in Venezia regolar-
mente in tempo di Carnovale *Gasparo Raffi* Romano, Capo
de' Ballerini di corda, colla sua Compagnia, ch'era una delle più famose in tal genere. Eravi la bravissima *Rosalia* sua
Cognata, Moglie in allora di un Saltatore Tedesco, e passata ad esserlo in secondi voti di *Cesare Darbes*, celebre Pantalone, di cui molto avrò ancor da parlare. La *Teodora*, fi-
gliuola del *Raffi*, moglie in appresso del Medebac, ballava
sulla corda passabilmente, ma danzava a terra con somma
grazia; la *Maddalena*, che fu moglie in seguito di *Giuseppe
Marliani*, era una copia fedele della Teodora, e il Marliani
suddetto, che faceva il Pagliaccio, era un Saltatore e Dan-
zatore di corda, il più bravo, il più comico, il più delizioso
del mondo. Questa Compagnia di quasi tutti congiunti era
amata ed apprezzata in Venezia, non solo per la bravura
ed abilità in tal mestiere, ma per l'onesta e saggia maniera
di vivere sotto la buona direzione dell'onestissimo Raffi, e
l'ottima condotta della prudente, divota e caritatevole Signora *Lucia*, sua Consorte. Il Marliani, non so se stanco di
quel pericoloso mestiere, o eccitato dal genio Comico,
avea gran voglia di recitare delle Commedie. Capitò il secondo anno in Venezia il Medebac accennato; e unitosi co'
Ballatori suddetti, avendo egli cognizione bastante dell'arte Comica, gl'instruì, fornì loro i soggetti, e preso il piccio-
lo Teatro di San Moisè, colà, terminato il *Casotto*, recitava-
no delle Commedie, le quali sostenute principalmente
dalle apparenze, dai giochi e dalle grazie del Marliani, che
facea l'Arlecchino, non lasciarono di attirare buon numero
di Spettatori. La Teodora faceva la prima Donna, e la Maddalena facea la Servetta; il Medebac era il primo Amoroso;
e qualche altro Personaggio avean preso per eseguir le loro
Commedie. Così principiò quella Compagnia che poi si è
resa famosa, e che trovai ben formata ed in credito quattr'anni dopo a Livorno. Parlerò a suo tempo di queste brave persone; passiamo ora a parlar di me, niente per altro
che per narrar ai Lettori la causa che mi ha impedito, dopo la *Donna di garbo*, a seguitare il corso sì bene incomin-

ciato delle Commedie; e per quale avventura l'ho poi nuovamente intrapreso.[2]

Nel quattordicesimo capitolo della seconda parte dei *Mémoires* (proponiamo una traduzione in italiano moderno dal francese tardosettecentesco dell'autore) Goldoni precisa meglio il perché di quegli anni di abbandono delle scene da parte della Maddalena; confessa, sia pure molto pudicamente, una qualche attrazione per l'interprete (per la quale, invece, provò un vero e proprio trasporto e con cui intrattenne una relazione amorosa); ed accenna alla rivalità tra costei e la primadonna Teodora Medebach, complicata dal fatto che Maddalena era zia di Teodora, e, soprattutto, le succedeva nel cuore del «poeta di compagnia»:

Durante i giorni di riposo per la novena di Natale, ebbe luogo un avvenimento fortunato per Medebach e piacevole anche per me.

Marliani, il Brighella della compagnia, era ammogliato; e sua moglie, ch'era stata ballerina di corda al pari di lui, era una giovane veneziana molto bella, molto amabile, ricca di spirito e di talento, e mostrava felici disposizioni per la commedia. Per certe storditaggini di gioventù aveva lasciato suo marito; ma in capo a tre anni venne a raggiungerlo e prese il ruolo di servetta sotto il nome di Corallina nella compagnia Medebach.

Graziosa com'era e adibita alle parti di servetta, non poteva non interessarmi. Io mi presi cura della sua persona, e composi una commedia per il suo esordio.

La Medebach mi suggeriva delle idee interessanti, commoventi o d'un comico semplice e innocuo; e la Marliani, vivace, piena di spirito e per sua natura accorta, dava nuovo

---

[2] Da *Tutte le opere di Carlo Goldoni*, cit., vol. I, pp. 752-53.

slancio alla mia immaginazione, e m'incoraggiava a lavorare in quel genere di commedia che richiede arte e finezza.

Cominciai con *La serva amorosa*, cioè disinteressata, poiché l'aggettivo *amoroso* in italiano si applica tanto all'amicizia quanto all'amore.

Corallina, giovane vedova e antica cameriera di Ottavio, vecchio mercante veneziano, disinteressatamente affezionata a Florindo, figlio di primo letto del suo antico padrone, gli dà alloggio in casa sua, e si dedica con tutto il cuore a questo giovane sventurato che, per istigazione d'una matrigna avida e insensibile, è scacciato dalla sua casa paterna.

Ma non è tutto. Florindo è innamorato di Rosaura, figlia unica di Pantalone; egli sa che la fanciulla ha dell'inclinazione per lui, ma la durezza del padre lo mette nell'impossibilità di prender moglie; e, d'altra parte, egli si crede in obbligo di sposare Corallina per debito di riconoscenza.

Questa donna virtuosa comincia col togliergli ogni timore di dispiacerle nel caso in cui egli si sposi con un'altra; e, in seguito, tanto fa da indurre Pantalone ad accordare sua figlia a Florindo, a condizione ch'egli ritorni in casa di suo padre.

Si trattava di conquistare la fiducia di Ottavio e di togliere forza alle calunnie e ai sotterfugi d'una donna malvagia ma amata. Corallina, col suo spirito, riesce nel suo intento. Ottavio è convinto della perfidia della moglie; riconosce l'innocenza del figlio, e volge a suo favore il testamento prima diversamente disposto.

Questa commedia ebbe pieno successo. Corallina fu sommamente applaudita, ma divenne immediatamente una temibile rivale per la Medebach.

Bisognava consolare la moglie del direttore; bisognava sostenere e lusingare questa attrice che per la durata di tre anni era stata la colonna principale del nostro edificio.

Misi subito allo studio una commedia che avevo preparato per lei: *La moglie saggia*.[3]

---

[3] Da C. Goldoni, *Memorie*, prefazione e traduzione di Eugenio Levi, Einaudi, Torino 1967, pp. 302-303.

Più esplicito, per quanto concerne i rapporti, ormai tesissimi, tra Maddalena e Teodora, è Goldoni nel sedicesimo capitolo della seconda parte dei *Mémoires* (di cui qui trasceglimo alcune pagine): e molto più lucido e franco – come abbiamo osservato nell'introduzione – sulla natura, astuta e, a suo modo, violenta di Mirandolina, rispetto alla «premessa al lettore», scritta trent'anni prima, a pochi mesi dall'allestimento di quella commedia «scomoda»:

Con la novena di Natale del 1751,[4] giunse il momento di ricordare a Medebach che eravamo alla fine del nostro reciproco impegno e di preannunciargli che per l'anno prossimo egli non doveva contare su di me.

Io ne parlai con lui in modo amichevole, senza formalità, ed egli mi rispose molto cortesemente che la cosa gli dispiaceva, ma che ero padrone di disporre di me stesso. Fece tuttavia quanto era in suo potere per indurmi a restare con lui; mi fece parlare da parecchie persone; ma avevo già deciso, e nei dieci giorni di riposo presi accordi con Sua Eccellenza Vendramin, nobile veneziano e proprietario del San Luca.[5]

Dovevo ancora lavorare per il Sant'Angelo fino alla chiusura del 1752;[6] e adempii così bene al mio impegno da dare al direttore più commedie di quante egli potesse trovare il tempo di far rappresentare, cosicché gliene rimase qualcuna, di cui poté valersi dopo la nostra separazione.

La Medebach era sempre malata. I suoi vapori diventavano sempre più fastidiosi e ridicoli; rideva e piangeva al tempo stesso; gridava, faceva smorfie e contorsioni. I suoi buoni

---

[4] Si deve leggere 1752. (*NdT*)
[5] In realtà il contratto di Goldoni con Antonio Vendramin fu conchiuso il 15 febbraio 1752 per la durata di dieci anni a cominciare dal primo giorno di Quaresima del 1753. (*NdT*)
[6] Si deve leggere 1753. (*NdT*)

familiari, credendola stregata, fecero venire degli esorcisti. Carica di reliquie, ella si trastullava e scherzava con questi pii monumenti come una bambina di quattro anni.

Vedendo che la prima attrice non era in grado di esporsi sulla scena, io composi all'apertura del carnevale una commedia per la servetta. La Medebach si fece vedere in piedi e in florida salute il giorno di Natale; ma quando seppe che per il giorno successivo era stato affisso l'annuncio della *Locandiera*, commedia nuova fatta per Corallina, andò a rimettersi a letto, con delle convulsioni di nuova invenzione, che facevano dannare la madre, il marito, i parenti e i servitori.

Aprimmo dunque la stagione il 26 dicembre con *La locandiera*. La parola deriva da locanda, che corrisponde al francese *hôtel garni*. Non c'è, in francese, una parola propria per indicare l'uomo o la donna che tengono una locanda. Se si volesse tradurre in francese questa commedia, bisognerebbe cercare il titolo nel carattere della protagonista, e sarebbe senz'altro *La femme adroite*.

Mirandolina tiene una locanda a Firenze, e, con le grazie di cui è dotata, col suo spirito, si accattiva, anche senza volerlo, il cuore di tutti i clienti.

Fra questi ci sono tre forestieri, due dei quali sono innamorati della bella albergatrice, mentre il cavaliere di Ripafratta, il terzo, refrattario a ogni simpatia per le donne, usa con lei un trattamento grossolano, e si fa gioco del debole che per lei hanno gli altri due.

Contro quest'uomo d'umore rustico e selvatico Mirandolina dirige tutti i suoi strali. Essa non l'ama, ma si sente offesa, e, un po' per orgoglio, un po' per l'onore del sesso, vuole sopraffarlo e infliggergli umiliazione e castigo.

Incomincia con l'adularlo, fingendo di approvare la sua condotta e il disprezzo ch'egli mostra per le donne, e affetta di provare lo stesso disgusto per gli uomini; ostenta di detestare i due forestieri che la importunano, e solo nell'appartamento di Ripafratta ella entra volentieri, sicura, com'è, di non essere annoiata da sciocchezze ridicole. Con questa astuzia conquista la stima del cavaliere che l'ammira e la considera degna della sua confidenza; la ritiene donna di raro buon senso, la vede con piacere. La locandiera profitta di questi momenti a lei favorevoli, e raddoppia le sue attenzioni per lui.

Il burbero comincia a lasciarsi prendere da sentimenti di riconoscenza, diventa amico di una donna che trova straordinaria, che gli appare degna d'ogni rispetto. Quando non la vede, s'infastidisce, va in cerca di lei; per farla breve, se ne innamora.

Mirandolina è al colmo della gioia; ma la sua vendetta non è ancora compiuta: vuol vederlo ai suoi piedi, e riesce nell'intento. E allora lo tormenta, lo mette in angustia, lo fa disperare, e finisce col dar la mano di sposa, sotto i suoi occhi, a un uomo del ceto a cui lei stessa appartiene, al quale già si era promessa.

La commedia ebbe un tale successo che fu messa alla pari e financo al di sopra di tutto ciò che avevo fatto in questo genere in cui l'arte supplisce all'interesse.

A chi non ne faccia lettura forse non parrà verosimile che nello spazio di ventiquattr'ore trovino luogo i disegni di Mirandolina, gli espedienti impiegati per tradurli in atto e il trionfo finale.

Forse in Italia sarò stato adulato, ma mi si è fatto credere che io non avessi mai fatto una commedia di maggior naturalezza e di miglior condotta, e che ognuno dovesse riconoscervi l'azione perfettamente sostenuta e compiuta.

Tenuto conto della gelosia a cui i continui progressi di Corallina davano luogo nell'animo della Medebach, quest'ultima commedia avrebbe dovuto portarla alla sepoltura. Ma poiché i suoi vapori erano di un genere singolare, ella due giorni dopo lasciò il letto, e pretese che si troncasse il corso delle recite della *Locandiera* e che si rimettesse in scena la *Pamela*.

Il pubblico non era troppo soddisfatto del cambiamento; ma il direttore non ritenne di doversi opporre al desiderio della moglie, e *Pamela* ricomparve in scena dopo la quarta recita d'una nuova e fortunata commedia. Sono queste le piccole galanterie che si verificano pressoché ovunque il dispotismo si faccia gioco della ragione. Per

me, io non avevo niente da dire; si trattava di due delle mie
figlie, e io ero tenero padre dell'una come dell'altra.[7]

2. «*La calamita dei cuori*», *variazione musicale de' «La locandiera»*

La sera di Santo Stefano 1752 (la stessa in cui, secondo Goldoni, dovette andare in scena al Sant'Angelo *La locandiera*: ma la sua datazione è inesatta,
giacché la «prima» cadde nel gennaio successivo) fu,
invece, allestito al teatro San Samuele il melodramma comico *La calamita dei cuori*, libretto di Goldoni,
musiche di Baldassare Galuppi detto il Buranello.

Il *plot* narrativo è, pressapoco, lo stesso della *Locandiera*: c'è una bella ragusea, Bellarosa, la cui mano è ambita da quattro pretendenti, un vecchio avaro, Pignone, un «capitano», Saracca, un innamorato
«costante», Armidoro, ed uno «vezzoso», Giacinto
(a lui andranno i favori della bella). L'ambientazione
è, ovviamente, tutta diversa: tra templi d'Amore, *ca-
binets de toilette*, sale per feste da ballo, steccati per
giostre, in un'Arcadia molto galante e mondana.

Dal libretto goldoniano (musicato anche da Salie-
ri nel '74 e da Cimarosa nel '92) abbiamo tratto la
scena conclusiva, quella in cui Bellarosa sceglie, per
l'appunto, Giacinto:

SCENA ULTIMA
*Steccato per la Giostra, con scalinate all'intorno per gli Spet-
tatori.*
*Albina, Belinda, Armidoro, Pignone, Saracca, tutti ai loro
posti. Aprendosi la scena, si vede incamminata la Giostra,
nella quale hanno combattuto fra gli altri Armidoro e Pigno-*

---

[7] Da C. Goldoni, *Memorie*, cit., pp. 309-12.

*ne, e sono rimasti perdenti. Saracca è vittorioso. Frattanto
compariscono sulle scalinate Bellarosa e Giacinto:*

SARACCA   Chi è che resister possa
               Al valor del mio braccio?
               Alla mia forza, all'arte,
               Resister non potria lo stesso Marte.

ARMIDORO   Delle perdite mie
               Voi vi gloriate invano.
               Per sventura cadei, non per viltade,
               Ché a cimenti maggior mia destra è usa.

SARACCA   Di chi vinto riman, solita scusa.

PIGNONE   Ah, se foste venuto
               A combatter con me vent'anni sono,
               Io non sarei caduto,
               E mio saria de' cento studi il dono.

SARACCA   Povero vecchio avaro,
               Non gl'incresce la gloria, ma il denaro.
               Altri vi son che in petto
               Arda di gloria il bellico desio?
               (Scende dall'alto Giacinto)

GIACINTO   Eccomi; ci son io.

SARACCA   Su, venite al cimento,
               E i colpi miei provate.

GIACINTO   Aiutami, Cupido.

BELLAROSA   Olà, fermate.
               Altra giostra, altro premio
               Amor destina a voi, caro Giacinto:
               Combatteste il mio cor, l'avete vinto.
               Ecco il premio che a voi
               Concede Amor pietoso:
               Io son vostra, Giacinto, e voi mio sposo.

GIACINTO   Oh Giostra fortunata!
               Oh gloria inaspettata!

SARACCA   Come! a me questo torto?

ARMIDORO   Così mi abbandonate?

PIGNONE   Mi lasciate così?

BELLAROSA   Di quattro amanti

Essere non poss'io.
Adempio il dover mio,
A Belinda lasciando il suo Saracca,
Ad Albina Armidoro,
E all'avaro Pignone il suo tesoro.
Giacinto non ha impegni ed è amoroso;
Non fo torto a nessun se 'l fo mio sposo.

ALBINA   Or conosco e confesso,
            Che Bellarosa ha nobili pensieri.

BELINDA   Ella è nata di dame e cavalieri.

GIACINTO   Ecco, ecco, sì, ecco,
            Ecco la sposa mia.

PIGNONE   Ma non si sa chi sia.

BELLAROSA   Nacqui in Ragusi,
            Di nobile son figlia:
            Partita per piacer dal suol natio...

GIACINTO   Queste son cose ch'ho da saper io.
            Bisogno ora non c'è
            Ch'altri le sappia, e le direte a me.

ARMIDORO   Misero, sventurato!

SARACCA   Oh che veleno!

PIGNONE   Senza moglie, così spenderò meno.

BELLAROSA   Su via, signori miei,
            Tornate al primo foco;
            Più non sperate in me, che preso è il loco.

GIACINTO   Ecco, ecco, sì, ecco,
            Ecco la sposa mia.

ARMIDORO   Deh, Albina.

SARACCA   Deh, Belinda.

ALBINA   Son pronta a perdonarvi. (*ad Armidoro*)

BELINDA   Son pronta, se volete, anco a sposarvi.
                                    [(*a Saracca*)

ALBINA
BELINDA ⎫   Torna Amor nel nostro petto
SARACCA ⎬ *a quattro* A destar quel primo affetto,
ARMIDORO ⎭   Che per poco si ammorzò.

BELLAROSA GIACINTO	*a due*	E nei nostri amanti cori Sian perpetui quegli ardori Che Cupido in noi destò.

PIGNONE Non mi venga più il prurito
Di voler esser marito.
Mai più donne cercherò.
(*Tutti, fuorché Bellarosa*)
Una sposa sì compita,
Che dei cuori è Calamita,
Tutti alfin rese contenti,
E se stessa consolò.

BELLAROSA Goderò giorni felici,
Se mi siete tutti amici.

TUTTI Viva Amor – e la sua face
Che la pace – a noi recò.[8]

3. «*Camille aubergiste*», ovvero *Mirandolina*, riveduta e corretta, a Parigi

Nel 1764, a due anni, all'incirca, del suo arrivo a Parigi su invito del Théâtre Italien, Goldoni, che per il conservatorismo di attori e pubblico ha dovuto (dolorosamente) abdicare a tutte le proprie conquiste drammaturgiche e riprendere daccapo a scrivere copioni assai vicini all'antica Commedia dell'Arte, riduce e adatta per i francesi *La locandiera* sotto il titolo di *Camille aubergiste* (*Camille* si chiamava, in arte, la ventinovenne Giacoma Antonia Veronese, di Venezia, figlia del *pantalone* Carlo, primattrice alla Comédie Italienne).

Di questa riduzione, che non piacque affatto agli

[8] Da *Tutte le opere di Carlo Goldoni*, cit., vol. XI, pp. 45-47.

spettatori parigini, il Goldoni riferisce nella lettera
che segue, indirizzata all'amico e protettore marchese Francesco Albergati Capacelli (1728-1804), un intellettuale e commediografo bolognese di notevole
statura, che resta tutto da studiare:

Al Marchese
FRANCESCO ALBERGATI

Eccellenza

Ecco la quarta lettera ch'io Le scrivo senza risposta. Cospetto! voglio un poco gridare anch'io. Ma perché gridare?
A questa non può rispondermi prima d'averla ricevuta.
Un'altra, che ho consegnata al padre Sorgo predicator
francescano, non l'avrà forse che dopo Pasqua. Ad una Ella avrà forse risposto, e forse a due, se la prima non si è
smarrita, onde Ella sempre avrà ragione, ed io sempre il
torto. Ora Le scrivo per pregarla di un favore, anzi di due.
L'uno di far avere l'inclusa a M.e Rabini, moglie del comico a Lei noto; l'altro di procurarmi l'*extrait mortuaire* ricer-
cato nell'inclusa nota. Non ho alcuna nuova da darle di
me, oltre quello Le ho detto nelle altre mie. Quanto prima
si darà una mia commedia, intitolata *Camille aubergiste*.
Questa è tirata dalla mia *Locandiera*, ma in fatti è divenuta
tutt'altra cosa, essendo una commedia in due atti, e di
quattro soli personaggi, cioè Camilla locandiera, Celio forestiere, Arlecchino servitore di Celio, e Scappino servitore
della locanda. Il carattere della locandiera è quasi cambiato, poiché qui non soffrirebbero sulla scena una donna sì
artifiziosa per il solo fine della vanità. Anche il carattere di
Celio, che è quello del nemico delle donne, è moderato, fi-
gurandolo nemico del sesso, dopo essere stato ingannato,
onde si può credere in lui non spenti affatto i semi dell'a-
more. Camilla è amante d'Arlecchino, e questi la vorrebbe
sposare, ma è attaccato al padrone per obbligo e per affetto, e teme di disgustarlo. L'artificio della locandiera tende
a guadagnare la stima di Celio, per indurlo a condescende-
re al matrimonio del servitore, ma Celio diventa amante,

ed Arlecchino geloso del suo padrone. L'intreccio è assai comico, ridicolo ed interessante, ed il fine onesto, inaspettato e piacevole. Oh che bella commedia! Incontrerà? *De futuris contigentibus* etc.

Bisogna ch'io faccia delle picciole commedie per la Corte, dove lo spettacolo deve esser corto. Il sig.r marchese Francesco Albergati la riverisce; egli sta meglio di salute. Supplico V.E. de' miei rispetti alla veneratissima s.a contessina Orsi. L'altra sera mi sono consolato parlando di Bologna con m.r Houpe olandese. Egli è stato qualche tempo in cotesta cara città; mi pare ch'ei fosse costì innamorato, e mi pare ch'ei sia partito del suo amore poco contento. Sono umilmente

di V.E.

Parigi, li 6 Feb.o 1764

umilis.mo devot.mo obbl.mo servitore
CARLO GOLDONI[9]

4. *Uno spettatore d'eccezione per «La locandiera»: Johann Wolfgang Goethe*

Nel corso di quel viaggio in Italia, che, a trentasette anni, nel 1786-88, in piena «crisi» esistenziale, doveva condurlo a Firenze, Roma, Napoli e in Sicilia, Goethe (direttore, per lunghi anni, del teatro di Weimar, drammaturgo ed esperto di arte della recitazione) assistette a Roma ad una recita della *Locandiera*, in cui la parte della protagonista era sostenuta da un giovane attore maschio. Nelle pagine che seguono egli non solo trae spunto dall'esperienza per osservazioni di grande penetrazione sullo «straniamento» dell'attore, ma, a nostro avviso, dimostra di aver com-

---

[9] Da *Tutte le opere di Carlo Goldoni*, cit., vol. XIV, *Lettere*, pp. 911-12.

preso assai bene il fondo aspro, risentito della perso-
nalità di Mirandolina.

Incuriosirà forse il lettore apprendere che le pagine goethiane (tratte dalla prefazione a *I teatri di Roma nel secolo decimosettimo* di Alessandro Ademollo,
edito a Roma nel 1888) furono tradotte da un «ghettista italiano che non la cede ai ghettisti tedeschi» (dove per «ghettista» s'ha da leggere «goethista»), l'allora
ventiduenne Benedetto Croce:

*Parti di donne rappresentate da maschi
sui teatri di Roma*

Non è luogo al mondo, dove il passato parli così immediatamente e con tante voci all'osservatore, come Roma. Così,
tra i vari costumi ivi se n'è mantenuto per fortuna uno, che
in tutti gli altri luoghi a poco a poco s'è quasi interamente
perduto.

Gli antichi, almeno nei migliori tempi dell'arte e dei costumi, non facevano calcar la scena da donne. I loro drammi erano così congegnati, che di donne, più o meno, si poteva far di meno o le parti di donne erano rappresentate da
un attore, che s'era specialmente esercitato in tale arte. Il
caso è ancor lo stesso per la moderna Roma e per tutto lo
Stato della Chiesa, tranne Bologna, che, tra gli altri privile-
gi, gode anche la libertà di poter ammirare donne sui suoi
teatri.

S'è detto tanto a biasimo di quest'uso romano, che bene
può esser permesso di dire anche qualche cosa a sua lode,
se non altro (per non esser troppo paradossale) per richia-
marvi l'attenzione come sopra di una reliquia archeologica.

Qui non si discorre propriamente delle opere, percioc-
ché la bella e lusinghevole voce dei castrati, ai quali di
giunta sembra più proprio l'abbigliamento femminile che
l'abito virile, facilmente ci riconcilia con ciò, che, in ogni
caso, può sembrarci sconvenevole in quel camuffamento.
Qui si deve discorrere propriamente di tragedie e di com-

medie e chiarire fino a qual punto si possa trovare alcun piacere in quell'uso.

Io presuppongo ciò che bisogna presupporre in ogni rappresentazione, che il dramma sia acconcio al carattere e alla capacità degli attori; senza la qual condizione non può reggere nessun teatro e a stento il più grande, il più vario attore.

I moderni romani hanno, prima di tutto, una particolare tendenza a commutare, nelle mascherate, gli abiti dei due sessi. Nel carnevale molti giovanotti vanno in giro in abbigliamento di donnette della più bassa condizione, e sembrano compiacervisi molto. Cocchieri e domestici sono spesso abbigliati da donne molto convenevolmente, e quando sono gente giovane e bene educata, in modo leggiadro e vago. Viceversa, donne della classe media si vestono da pulcinelli, e quelle della classe più elevata da ufficiali, proprio bellamente e con garbo. Sembra che ognuno voglia seguitare a godere con giovanile follia questo scherzo, del quale noi tutti talvolta ci siamo dilettati nella nostra fanciullezza. È curioso ad osservare come i due sessi si piacciano nell'apparenza di questa trasformazione e cerchino di usurpare al possibile il privilegio di Tiresia.

Egualmente, i giovani, che si dedicano alle parti di donna, hanno una particolare passione a mostrarsi perfetti nella loro arte. Essi osservano esattissimamente le arie, i movimenti, il contegno delle donne, cercano d'imitarli, e di dare alla loro voce, quando anche non ne possono cangiare il tono più profondo, pieghevolezza e soavità, insomma, cercano al possibile di straniarsi dal loro sesso. Sono così attenti alle nuove mode, come le donne stesse; si fanno acconciare da abili modiste, e la prima attrice di un teatro è per lo più felice abbastanza da raggiungere il suo scopo.

Per ciò che concerne le parti secondarie, queste non sono per lo più ben rappresentate, e non è da negare che Colombina sovente non può nascondere interamente la sua barba nera. Ma per le parti secondarie gli è presso a poco lo stesso nella maggior parte dei teatri; e, nelle capitali di altri Stati, dove si dedica una molto maggior cura al teatro, bisogna spesso sentire gravi lamenti sulla incapacità dei terzi e quarti attori e sull'illusione ch'essi vengono interamente a sconvolgere.

Io andai alla commedia romana non senza pregiudizi; ma mi ci trovai subito, senza pensarci, riconciliato; sentiva un piacere ancora sconosciuto e osservai che anche altri lo sentivano egualmente. Pensai alla causa e credo di averla trovata in questo, che in una simile rappresentazione il concetto dell'imitazione, il pensiero dell'arte era sempre più vivace, e per mezzo di un abile giuoco si produceva solo una specie d'*illusione conscia*.

Noi tedeschi ci ricordiamo di aver visto rappresentare per mezzo di un abile giovane parti di vecchio fino alla massima illusione, e ci ricordiamo anche del doppio piacere che quell'attore ci dava. Similmente nasce un doppio piacere da ciò che queste persone non sono donne, ma rappresentano donne. Il giovane ha studiato le qualità del sesso femminile nel suo essere e nel suo contegno; egli le conosce e come artista le riproduce; egli non rappresenta sé stesso, ma una terza natura, e, propriamente, una natura straniera. Noi veniamo a conoscer questo tanto meglio in quanto qualcuno l'ha osservata, qualcuno ci ha pensato sopra, e a noi è presentata non la cosa, ma il risultato della cosa.

Ora, poiché ogni arte specialmente per questo si distingue dalla semplice imitazione, è naturale che in una tal rappresentazione noi sentiamo una particolare specie di piacere e passiamo sopra a varie imperfezioni nella trattazione dell'insieme.

Ei s'intende in verità, ciò che di sopra già abbiamo accennato, che i drammi debbono convenire a simile specie di rappresentazione. Così non poté il pubblico negare una universale approvazione alla *Locandiera* del Goldoni. Il giovane che rappresentava la *Locandiera*, esprimeva che non si poteva meglio le varie sfumature che sono in questa parte. La calma freddezza di una ragazza che va dietro ai suoi affari, è per ognuno cortese, amabile, pronta a servire, ma non ama, né vuol essere amata, e molto meno vuol dare ascolto alle passioni dei suoi nobili ospiti; le secrete, tenere civetterie colle quali essa sa legare i suoi ospiti maschi; l'offeso orgoglio, perché di questi ne incontra uno duro e scortese; le varie fine lusinghe, colle quali sa adescare anche questo, e finalmente il trionfo di aver vinto anche lui!

Io son convinto, e l'ho visto io stesso, che un'abile e intelligente attrice in questa parte può meritare molta lode; ma le ultime scene, rappresentate da una donna, spiaceranno sempre. L'espressione di quella insuperabile freddezza, di quell'assaporamento della vendetta, della baldanzosa gioia maligna, c'irriteranno nella loro immediata verità, e quando essa finalmente dà la mano al garzone di casa, solo per avere in casa un marito-servitore, si sarà poco contenti dello scipito finale. Sul teatro romano invece non c'era l'insensibile freddezza stessa, non c'era l'insolenza femminile stessa; la rappresentazione vi accennava soltanto; uno si consolava che almeno questa volta non era vero; si battevano le mani al giovane con lieto cuore e si era dilettati che egli conoscesse così bene le pericolose qualità del sesso amato e, con una felice imitazione del loro modo di comportarsi, ci avesse vendicati delle belle per tutto il simigliante, che ci tocca di soffrire da esse.

Io ripeto dunque: qui si sentiva il piacere di vedere non la cosa stessa, ma la sua imitazione; di essere intrattenuti non dalla natura, ma dall'arte; di contemplare non un'individualità, ma un risultato. A ciò si aggiungeva che la figura dell'attore era molto appropriata a una persona della classe mezzana.

E così Roma ci conserva tra i suoi molti ruderi anche un'antica costumanza, quantunque meno completa; e, quand'anche uno non dovesse dilettarcisi, il pensatore vi trova occasione di riportarsi, in certo modo, innanzi alla fantasia quei tempi, ed è più incline a credere alle testimonianze degli antichi scrittori: che ad attori maschi sia spesso in alto grado riuscito di estasiare in veste femminile una nazione piena di gusto.[10]

[10] Da A. Ademollo, *I teatri di Roma nel secolo decimosettimo*, L. Pasqualucci, Roma 1888, pp. XXI-XXV.

5. *Goldoni tra Marivaux e Lessing*

Lo sforzo della critica è stato quello di collocare Goldoni, la sua «riforma», la nascita, suo tramite, del teatro moderno in Italia in una temperie europea: non tanto per studiare i suoi «debiti» e i suoi «prestiti» nei confronti di scrittori di altre letterature quanto per affiancare la sua sperimentazione a quella, parallela, di codesti scrittori.

Per quanto riguarda *La locandiera*, ecco due casi, abbastanza sorprendenti, di affinità con due altre celebri commedie, francese e tedesca. La prima è *La surprise de l'amour* di Pierre Marivaux, allora trentaquattrenne (la commedia è del 1722, andò in scena il 3 maggio di quell'anno alla Comédie Italienne, fu un trionfo: i due protagonisti erano due grandi attori italiani in lingua francese, Rosa Balletti, ventunenne, in arte *Silvia*, e Luigi Riccoboni, quarantaseienne, in arte *Lelio*.) C'è una scena di questa grande commedia, la settima del primo atto, che sembra preannunciare la scena quindicesima dell'atto primo della *Locandiera*, quella del primo incontro-scontro tra Mirandolina e Ripafratta. Ma si tratta, per l'appunto, di semplici analogie: del resto Marivaux, come la scena dimostra chiaramente, lavora piuttosto sul piano della raffinata introspezione psicologica e comportamentale, mentre Goldoni fonda psicologia e comportamento su un preciso contrasto di sesso e classe (tra femmina e maschio; tra piccola borghese e aristocratico).

Dalla Parigi della Comédie Italienne trascorriamo al Nationaltheater di Amburgo, dal 1722 passiamo al 1767, e, più particolarmente, alla sera del 30 settembre di quell'anno, in cui andò in scena la *Minna di Barnhelm* di Gotthold Ephraim Lessing, all'epoca trentottenne. La sassone Minna, insieme alla servetta Francesca, si è messa alla ricerca del suo innamorato, il maggiore prussiano Tellheim, che – posto in congedo dai superiori dopo una malaugurata vertenza – ha preferito rinunciare alla fidanzata, perché si trova in strettezze e in pericolo dell'onore. La locanda in cui Minna e Francesca prendono alloggio, il Re di Spagna a Berlino, è la stessa in cui risiede Tellheim: l'albergatore invita le due ospiti a declinare le loro generalità, in una scena (la seconda del secondo atto) che ricorda, a tratti, la diciannovesima del primo atto della *Locandiera*. Ma mentre nella commedia goldoniana la scena serve a proporre il motivo della finzione teatrale (cui verrà opposta la finzione «sociale» di Mirandolina), la scena di Lessing vale ad accelerare il ritrovamento dei due amanti e ad entrare così nel vivo di quella conturbante «altalena dell'orgoglio e dell'amore», in cui i tedeschi riconobbero la loro prima «commedia seria» e in cui un Goethe diciottenne sentiva aprirsi «uno sguardo su un mondo più alto e più importante»:

L'Oste, Minna di Barnhelm e Francesca

L'OSTE (*Sporgendo il capo*) È permesso, illustrissima signora?

FRANCESCA Il nostro signor oste? Venite pur dentro.

L'OSTE (*Con una penna d'oca dietro l'orecchio, in mano un foglio e l'occorrente per scrivere*) Vengo, illustre signorina, ad augurarle umilmente il buon giorno. (*a Francesca*) Anche a lei, mia bella bambina.

FRANCESCA Che uomo gentile!

MINNA Grazie.

FRANCESCA Anche noi le diamo il buongiorno.

L'OSTE Posso ardire di chiedere come Vostra Grazia abbia trascorso la prima notte sotto il mio umile tetto?

FRANCESCA Il tetto non è così umile, signor oste. Ma i letti avrebbero potuto esser migliori.

L'OSTE Che sento? Riposato male? Forse che l'eccessiva stanchezza del viaggio?...

MINNA Può essere.

L'OSTE Certo, certo, altrimenti... Però se qualche cosa non fosse stato perfettamente secondo la comodità di Vostra Grazia, Vostra Grazia si degni soltanto di ordinare...

FRANCESCA Bene, signor oste, bene. D'altronde non siam mica delle stupide, e lo sappiamo che, soprattutto in un albergo, non bisogna far le stupide. Lo diremo, lo diremo come vogliam che le cose sian fatte.

L'OSTE Come prima cosa vengo per... (*si toglie la penna di dietro l'orecchio*)

FRANCESCA Ebbene, che c'è?

L'OSTE Senza dubbio, Vostra Signoria conosce già le sagge disposizioni della nostra polizia.

MINNA Per nulla, signor oste.

L'OSTE Si fa ordine a noi osti di non albergare per ventiquattr'ore nessuno straniero, di qualsiasi grado o sesso egli sia, senza dare informazione scritta alla competente autorità intorno al suo nome, luogo d'origine, condizione, affari che qui lo trattengono, probabile durata del soggiorno, ecc. ecc.

MINNA Benissimo.

L'OSTE Vostra Grazia vorrà dunque compiacersi... (*avvicinandosi a un tavolo e disponendosi a scrivere*)

MINNA Volentieri. Mi chiamo...

L'OSTE Un momentino di pazienza. (*scrive*) «In data 22 agosto, "anni currentis", qui, all'albergo del "Re di Spagna", sono giunte...» Il nome di Vostra Signoria?

MINNA Minna di Barnhelm.

L'OSTE (*Scrive*) «di Barnhelm.» Proveniente... Signoria?

MINNA Dalle mie terre in Sassonia.

L'OSTE (*Scrive*) «Dalle sue terre in Sassonia.» In Sassonia! Ehi, ehi! in Sassonia, Signoria, in Sassonia!

FRANCESCA Ebbene? e perché no? Non sarà mica un delitto, qui in Prussia, essere sassone?

L'OSTE Un delitto? Dio ne scampi! sarebbe un delitto di nuovo genere! Diciamo dunque: Sassonia! quella cara

Sassonia!... Però, se non erro, Signoria, la Sassonia non è piccola e ha... come devo dire... parecchi distretti, provincie... La nostra polizia è molto precisa, Vostra Grazia...

MINNA Ho capito: dalle mie terre della Turingia, allora.

L'OSTE Della Turingia! Infatti, Signoria, così sta meglio; è più esatto. (*scrive, poi legge*) Signorina di Barnhelm, proveniente dalle sue terre della Turingia, con dama di compagnia e due domestici.

FRANCESCA Dama di compagnia? che sarei poi io?

L'OSTE Sì, mia bella bambina.

FRANCESCA E allora, signor oste, per favore, invece di dama, scriva damigella. Sento che la polizia è molto precisa; potrebbe dunque sorgere un malinteso che mi cagionerebbe poi delle noie quando, un giorno o l'altro, io dovessi provvedere alle mie pubblicazioni di matrimonio. Infatti io sono ancor proprio ragazza e mi chiamo Francesca, e di cognome Willig, Francesca Willig. Anch'io sono della Turingia. Mio padre era mugnaio in una delle terre della signorina, che si chiama Rammsdorf. Il mulino, adesso, lo fa andare mio fratello. In casa dei padroni ci venni da piccola, e fui allevata colla signorina. Abbiamo la precisa età, ventun anno alla Purificazione. Tutto quello che ha imparato la signorina l'ho imparato anch'io. Avrei caro che la polizia mi conoscesse bene.

L'OSTE Benissimo, mia bella piccina; me lo terrò a mente in caso di ulteriori inchieste... E adesso, Signoria, i suoi affari qui, a Berlino?

MINNA I miei affari?

L'OSTE Forse Vostra Grazia aspetta un'udienza da Sua Maestà.

MINNA Oh no!

L'OSTE O ha affari alla Corte di Giustizia?

MINNA Neppure questo.

L'OSTE Oppure...

MINNA Ma no, io sono qui unicamente per cose mie, cose private...

L'OSTE Perfettamente, Signoria; ma come si chiamano queste cose?

MINNA Si chiamano... Francesca, se non erro questo è un interrogatorio bell'e buono.

FRANCESCA Signor oste, la polizia non pretenderà mica di sapere i segreti di una signora.

L'OSTE Invece, bimba mia, la polizia pretende proprio di saper tutto, e specialmente i segreti.

FRANCESCA E allora, signorina, che c'è da fare?... Be', signor oste, stia a sentire!... ma che resti tra noi e la polizia, veh!

MINNA Che gli dirà quella pazzerella!

FRANCESCA Veniamo per portar via un ufficiale a Sua Maestà.

L'OSTE Cosa? cosa? bambina mia! bambina mia!

FRANCESCA O per lasciarci sgraffignare dall'ufficiale. Fa lo stesso.

MINNA Francesca, sei pazza? Signor oste, quella sfacciatella si burla di voi.

L'OSTE Spero di no. Cioè: con un pover'uomo come me può scherzare come vuole; ma con l'Alta Polizia...

MINNA Sa cosa, signor oste? In tutta questa faccenda non so cavarmela. Credo che il meglio sia che ella soprassieda a tutte queste scritture fino all'arrivo di mio zio. Le ho già detto perché non siam giunti assieme. La sua carrozza toccò un guasto a poche miglia da qui; egli non volle che io passassi una notte di più per istrada e dovetti precederlo. Mio zio tarderà al massimo ventiquattr'ore a raggiungerci.

L'OSTE Va bene, Signoria, lo aspetteremo.

MINNA Egli saprà meglio di noi come rispondere alle vostre domande. Saprà fino a che punto uno ha il dovere di scoprirsi, deve svelare i suoi affari o può tacerli.

L'OSTE Tanto meglio. Infatti (*guardando Francesca*) da una damigella non si può pretendere che tratti seriamente una cosa seria con gente seria.

MINNA Le camere per lo zio son pronte, vero, signor oste?

L'OSTE Pronte, Vostra Grazia, pronte, tutte meno una...

FRANCESCA Da cui forse dovrete buttar fuori un altro galantuomo?

L'OSTE Vostra Grazia, le damigelle di compagnia sassoni han molto buon cuore, pare...

MINNA Francesca ha ragione. Voi non avete agito bene, signor oste. Piuttosto avreste dovuto rifiutare di alloggiarci.

L'OSTE Come, Vostra Grazia, come?

MINNA Sento che l'ufficiale messo fuori per causa nostra...

L'OSTE È un ufficiale silurato...

MINNA Foss'anche!

L'OSTE Rovinato, ridotto alla miseria...

MINNA Peggio ancora! Dicono sia un uomo di grandi meriti.

L'OSTE Ma se le dico che è silurato...

MINNA Il re non è in grado di conoscere tutti i suoi benemeriti.

L'OSTE Tutti li conosce, tutti quanti!

MINNA E allora non può premiarli tutti.

L'OSTE Li premierebbe tutti se se lo meritassero. Ma quei signori in tempo di guerra han vissuto come se la guerra dovesse durar sempre, e non dovesse mai più esserci il mio e il tuo. Adesso tutti gli alberghi e le locande son piene di costoro, e un povero oste non ha che da prendersi guardia. Con questo qua posso ancor dire di essermela cavata: denari non ne ha più, ma qualche oggetto di valore ce lo aveva ancora; e un due o tre mesi avrei ancor potuto tenerlo. Ma tanto meglio così. A proposito, Vostra Signoria s'intende di gioielli?

MINNA Non troppo.

L'OSTE Via! di che mai non s'intenderà Vostra Grazia?... Io ho da mostrarle un anello, un anello prezioso. Veramente anche Vostra Signoria ne ha uno bellissimo in dito; anzi, quanto più lo guardo, tanto più devo stupire della sua somiglianza col mio. Ma guardi un po' lei, guardi! (*traendo l'anello dall'astuccio e porgendolo a Minna*) Che fuoco! il solo diamante centrale pesa oltre cinque carati.

MINNA (*Osservandolo*) Che vedo?... Quest'anello...

L'OSTE Vale i suoi millecinquecento talleri, tra amici; no?

MINNA Francesca!... ma guarda!

L'OSTE Tant'è vero che non ho esitato a prestarci su ottanta luigi.

MINNA Ma non lo riconosci, Francesca?

FRANCESCA È proprio lui... Signor oste, dove ha preso questo anello?

L'OSTE Perché, bimba mia? Ci avete, per caso, diritto voi?

FRANCESCA «Se per caso» vi abbiamo diritto? All'interno del castone ci dev'essere il monogramma della signorina. Faccia un po' vedere, signorina?

MINNA È proprio lui, senza possibilità di errore. Signor oste, come siete venuto in possesso di questo anello?

L'OSTE Nel modo più legittimo del mondo. Vostra Signoria non vorrà mica la mia vergogna e il mio danno? Che posso sapere io della provenienza di quest'anello? Durante la guerra quante cose han mutato padrone all'insaputa di esso! La guerra è la guerra. Dio lo sa quanti anelli dalla Sassonia avran passato il confine. Di grazia, Signoria, mi ridia il mio anello!

FRANCESCA Prima risponda: da chi ha avuto l'anello, lei?

L'OSTE Da un uomo di cui non avrei mai potuto pensare... da uno che mi pareva un brav'uomo...

MINNA Dal più brav'uomo che ci sia sotto il sole, se è dal suo legittimo proprietario che l'avete avuto. Presto, conducetemi qui questo signore; dev'essere lui, o quanto meno uno che lo conosce.

L'OSTE Chi lui, chi lui, Signoria?

FRANCESCA Ma non capisce? il nostro maggiore.

L'OSTE Maggiore? infatti la persona che occupava questo appartamento e che mi ha dato l'anello... è proprio un maggiore.

MINNA Il maggiore von Tellheim?

L'OSTE Von Tellheim. Vostra Signoria lo conosce?

MINNA Se lo conosco? Ed è qua? Tellheim è qua? egli abitava queste camere? egli... egli ha impegnato questo anello? come mai può egli trovarsi in tali strettezze? Dov'è? il maggiore ha un debito con voi? Francesca, qua la cassetta! Aprila! (*Francesca porta la cassetta sul tavolo e l'a-*

pre) Quanto vi deve? e ha ancora altri debiti? fate venir qua tutti i suoi creditori. Qui c'è denaro, ci son cambiali. È tutto suo.

L'OSTE Che sento mai!

MINNA Ma dov'è? dov'è?

L'OSTE Un'ora fa era ancor qui.

MINNA Orribile uomo, come avete potuto essere così sgarbato, così duro, così crudele con lui?

L'OSTE Vostra Grazia mi perdoni!

MINNA Presto, portatemelo qui.

L'OSTE Forse c'è ancora la sua ordinanza. Vuole Vostra Signoria che lo cerchi?

MINNA Se voglio? ma correte, volate! solo per questo servizio vi perdonerò di averlo trattato così male.

FRANCESCA Svelto, signor oste, di corsa, di trotto! (*lo caccia via*)[11]

G.D.B.

---

[11] AA.VV., *Teatro tedesco dell'età romantica*, a cura di B. Tecchi, trad. di B. Allason, Edizioni Radio Italiana, Torino 1956, pp. 25-29.

Guida alla lettura

Dedicatoria

La lettera di dedica (o *dedicatoria*) che qui riportiamo venne stampata per la prima volta nel tomo secondo dell'edizione Paperini (Firenze, 1753) del teatro goldoniano. Siamo, dunque, nell'anno stesso della messinscena della *Locandiera*. Il patrizio fiorentino Rucellai, che Goldoni aveva conosciuto a Firenze nel 1744, era un insigne giurista, docente di diritto a Pisa (1722-30) e magistrato a Firenze (1734-1778: ciò spiega l'espressione *segretario della giurisdizione*). Rivolgendosi ad un «ministro», cioè ad un alto funzionario della amministrazione della giustizia, Goldoni sembra volere, ancora più del solito, mettere le mani avanti sul contenuto della commedia, forse sui rischi del proprio realismo critico (giacché in questo senso ci sembra vada interpretato quell'accenno: «... perché niuno meglio di Voi sa conoscere quanto malagevole cosa sia la formazione di una Commedia, e a quante leggi vada ella soggetta, e quanto facilmente nel dipingere la natura si possano prendere degli abbagli...»). Rucellai è un commediografo dilettante, è vero: ma è soprattutto, per rango e professione, un uomo d'ordine: con il quale, perciò, le precauzioni non sono mai troppe.

L'autore a chi legge

La strategia retorica di questa premessa è quella consueta: sottolineare quanto sia morale, utile, istruttivo mostrare un caso di misoginia punita, misoginia che è una delle forme in cui può atteggiarsi la «presunzione», l'orgoglio di sesso e di casta.

Questo se leggiamo la commedia badando al comportamento del Cavaliere di Ripafratta, il «disprezzator delle donne». Ma è probabile che Goldoni volesse che leggessimo la prefazione riflettendo al contegno della seduttrice, e prendendo proprio alla lettera le sue notazioni intorno alle «lusinghiere donne», alle «incantatrici Sirene». È probabile, insomma, che intendesse prendere le distanze da Mirandolina. Se la «finzione teatrale» di questa sua creatura era degna d'ammirazione, la sua «finzione sociale» avrebbe potuto turbare i suoi spettatori-lettori.

ATTO PRIMO

Scena prima

Nobiltà di sangue e nobiltà di censo, un aristocratico di nascita e un aristocratico di fresco acquisto, un nobile spiantato e un nobile assai ricco, da buon *parvenu*: due facce dell'ormai inarrestabile decadenza della classe nobiliare.

Con il primo alterco tra Forlipopoli e Albafiorita, siamo immessi, in forme di estrema semplicità e chiarezza, nel vivo della socialità della commedia: c'è una nobiltà che non ha altro strumento per affermare se stessa che la parola, ma la parola vuota, maniacale, ridotta a *tic* ossessivo e farsesco (la parola della tautologia: l'«Io son chi sono» di Forlipopoli); ed una nobiltà che, per garantirsi la primazia nella scala sociale (un tempo riconosciutale *de jure*, prim'ancora che *de facto*) deve adesso far ricorso al segno-simbolo dell'altra classe (la classe ascendente, la borghesia mercantile), cioè il denaro: ed è tutto il computare di Albafiorita tra zecchini, paoli, scudi (un'aritmetica che a noi suona assai complessa, ma che agli spettatori veneziani del 1753 riusciva immediatamente decifrabile e francamente comica).

Avversari all'interno di una stessa classe ormai pericolosamente sfaldata, Forlipopoli e Albafiorita lo sono anche sul terreno dell'amore: amano ambedue Mirandolina, la locandiera che li ospita. Ma a cosa ambisce quest'amore? A sposare la donna amata? Non si sposa una piccolo-borghese se si è aristocratici, di fresco conio o di antica prosapia non importa. Al massimo, la si può «proteggere», esserne l'amante-tutore: per un istante Albafiorita vagheggia una società per azioni in parti eguali («Venite qui: facciamola da buoni amici. Diamole trecento scudi per uno»): ma ecco scattare la «differenza» tra chi protegge a (vuote) parole e chi in (robusti) contanti.

Scena seconda

È proprio il «proletario» Fabrizio, il cameriere di Mirandolina, con tutte le improprietà (di certo calcolate) nel trovare l'appellativo corretto per i due ospiti (se ad uno basta il «signore», all'altro non basta l'«illustrissimo», esige l'«eccellenza»), a marcare daccapo, polemicamente, la «differenza» tra loro: non quella della antica stirpe (come il «rifinito» – cioè, l'economicamente esausto – Forlipopoli pretenderebbe), ma quella delle possibilità economiche: «Fuor del suo paese [cioè, in un contesto come quello borghese-mercantile della Firenze-Venezia 1753] non vogliono esser titoli per farsi stimare, vogliono esser quattrini».

Scena terza

Lasciati di nuovo soli, Forlipopoli e Albafiorita non fanno che ribadire la loro contrapposizione frontale: che è poi quella tra «grado» e «moneta», «valere» e «spendere», «proteggere» (gratuitamente) e «prestare» (interessatamente).

Scena quarta

A far da testimone-mediatore della «dissensione», del contrasto tra le due opposte concezioni della nobiltà – quella per «merito» e quella per «denari» – è un cavalier pisano, il Ripafratta (cioè, semplificando di molto, un «cadetto» di rango nobiliare). Davanti a lui ora è un altro dissenso a dipanarsi: quello tra due opposte concezioni dell'amore, e in parallelo del fascino femminile. L'amore è per Forlipopoli «tributo» di per se stesso dovuto al nobile (aggiungeremmo noi, ma senza forzare, per privilegio di casta); per Albafiorita è «ricompensa» ad «attenzioni» (inevitabilmente, economiche). La bellezza è per il primo «tratto nobile», cioè stile naturalmente aristocratico (in una, socialmente, piccolo-borghese); per il secondo «ottimo gusto», cioè pratica calcolata e intelligente di comportamento (ad esempio, nel parlare e nel vestire).

Ma se, nella prima disputa, Ripafratta sembra disposto ad intervenire (ed a favore di Albafiorita, a quanto si intuisce), dalla seconda lo tiene distante una istintiva misoginia («... ho sempre creduto che sia la donna per l'uomo una infermità insopportabile»).

A Mirandolina, che i due pretendenti confessano apertamente d'amare e collocano un gradino sopra le altre donne (rispetto alle quali «ha qualcosa di più»), lo scetticismo di Ripafratta è disposto al massimo a concedere un sovrappiù di simulazione («Arte, arte sopraffina»: e senza saperlo, vede, per la prima e unica volta, nel giusto); per il resto, la locandiera vale un quarto di «un bravo cane da caccia»: ed i suoi piaceri non sono certo da ascriversi tra quelli da «godere... con [gli] amici», com'è solito fare lui, da piccolo epicureo di provincia.

Scena quinta

L'ingresso in scena di Mirandolina è stato, sul piano della struttura drammaturgica, adeguatamente «ritardato» (la protagonista fa la sua comparsa dopo che intorno a lei si è creato un clima di attesa): ma subito la locandiera esplicita la sua tattica, alternando «contegno» (cioè, controllo, un'attitudine non certo passiva, ma molto sorvegliata) a «prontezza di spirito» (cioè, spregiudicatezza, un'attitudine eminentemente attiva). Che della tattica sia consapevole, basterebbe a persuadercene la franchezza gergale di quel *a parte* («Che arsura! Non gliene cascano»: cioè: «Che spilorceria! Soldi non ne sgancia», detto di Forlipopoli). Anche Ripafratta parla di lei, volgarmente, in gergo («Oh che forca!»: cioè: «Che pendaglio da forca!»): e questa identità di livelli stilistici (tutti e due, se non degradati, volti verso il «basso») ci suggerisce che tra i due personaggi lo scontro sarà diretto, tra il (naturale) «disprezzo» e la (naturale) «crudeltà» di lui e la (innaturale, perché simulata) «gentilezza» di lei. Naturalezza e finzione, istinto e scaltrezza, sono, sin d'ora, le chiavi di comportamento dei due contendenti.

Scena sesta

Primi accenni delle virtù «interpretative» di Mirandolina. La locandiera minaccia di espellere Ripafratta dal microcosmo della locanda, in realtà sta già «simulando». Finge di essere «stomacata» dai modi sgarbati del Cavaliere, mentre ha semplicemente deciso di domarne e umiliarne la «salvatichezza».

Scena settima

Non più che una battuta, in questa scena di transizione, ma una battuta che preannuncia, assai da lontano, la conclusione «circolare» della vicenda: «Mirandolina, giudizio; qui non istate bene». C'è, in queste parole di Fabrizio, la gelosia dispettosa del servo-amante che si sente, ingiustamente, trascurato: ma c'è anche, da parte di un popolano, il voler polemicamente marcare l'estraneità di una piccoloborghese tra nobili. Senza voler precorrere il testo, diremo soltanto che il personaggio di Fabrizio – all'origine un Brighella veneziano, ma per pura comodità dell'interprete – è personaggio più complesso di quanto non paia e di maggior rilievo di quanto lascerebbero presumere le sue rade apparizioni.

Scena ottava

Prima esibizione vera e propria di Mirandolina «attrice». A tu per tu con Forlipopoli, una sequenza di battute impeccabili che si legano l'una all'altra, a catena, tutte sull'espediente retorico dell'allusione, quel «gioco» (la voce dotta latina è *alludere*, rafforzativo di «giocare») in base al quale si accenna velatamente a ciò che non si vuole nominare apertamente.

È ottimo teatro il suo: ma è ancora, in questa scena, teatro tradizionale: teatro di forme e non di contenuti, di parole e non di sentimenti: come, invece, si rivelerà, tra breve, con Ripafratta.

Scena nona

Primo monologo di Mirandolina, a meno della metà del primo atto. Gli studiosi del primo Novecento avevano a fastidio i soliloqui di questo personaggio: non avendo inteso che con questo strumento drammaturgico Mirandolina stabilisce quella complicità col pubblico, che è costitutiva del suo essere «attrice» di secondo grado.

La prima costatazione che viene spontaneo fare è che Mirandolina, lasciata sola con se stessa, parla «basso», come comporta, secondo Goldoni, il suo reale *status* sociale: metafore gergali, proverbi di un buon senso da cuoca («il fumo» e «l'arrosto»), una certa propensione per il sostantivo rude («tutti mi fanno i cascamorti») o la voce verbale piuttosto sbrigativa («Con questi per l'appunto mi ci metto di picca»).

La seconda, più sottile, è che la molla fondamentale del comportamento della locandiera è il suo narcisismo: «Tutto il mio piacere consiste in vedermi servita, vagheggiata, adorata. Questa è la mia debolezza e questa è la debolezza di quasi tutte le donne». La seconda parte dell'affermazione generalizza (c'è, comunque, quel «quasi»), ma non attenua la pregnanza della prima parte. Davanti ad un «rustico» che non tributa il proprio ossequio al suo egotismo («Questi è il primo forestiere capitato alla mia locanda, il quale non abbia avuto piacere di trattare con me»), la razionale Mirandolina confessa, per un attimo, la propria passionalità («... è una cosa che mi muove la bile terribilmente»), e sembra volersi scatenare in una (metaforica fin che si vuole, ma inquietante) furia distruttiva (tutto quel «vincere, abbattere, conquassare» della chiusa). Ma, nell'imminente aggressione all'altro, lei rimarrà fredda e distante: personaggio che «non s'innamora mai di nessuno» perché, come ogni narcisista, ama solo se stessa.

Scena decima

Alla luce di quanto Mirandolina ha appena confessato (la sua fondamentale apatia), questa scena con Fabrizio (poco più, all'apparenza, di uno scambio di battute di dispetto amoroso) acquista un insolito rilievo: la tenacia sorda dell'innamorato subalterno è speculare al calcolo freddamente funzionale della donna. Mirandolina s'appresta a sedurre Ripafratta per placare il proprio narcisismo frustrato, e al tempo stesso tiene a bada il popolano Fabrizio sul filo di una molto strategica «ambiguità» affettiva. C'è, sullo sfondo, nel vago della memoria, il desiderio di un padre morente («Vi ricordate voi che cosa ha detto a noi due vostro padre, prima ch'egli morisse?»): ma Mirandolina ricorderà, netto e chiaro, solo quando lo vorrà («E quando vorrò maritarmi... mi ricorderò di mio padre»). Intanto tira dritto nel proprio programma immediato (sedurre e distruggere moralmente Ripafratta), guardando esclusivamente al suo «interesse», al «credito» (cioè, all'immagine, si direbbe nell'odierno lessico aziendale) della sua locanda. Stiamo per intenerirci per quel povero servo, messo (anche se temporaneamente) da parte: ma la sua logica è, ad un livello meno elaborato, la stessa di Mirandolina: «Staremo a vedere. Ella mi piace, le voglio bene, accomoderei con essa i miei interessi per tutto il tempo di vita mia». Egotismo con egoismo, dunque: non senza una dose di ipocrisia, all'occorrenza («Ah! bisognerà chiuder un occhio, e lasciar correre qualche cosa»): e un accanimento – un poco torvo – a guardare al futuro («Finalmente i forestieri vanno e vengono. Io resto sempre. Il meglio sarà sempre per me»).

Scena undicesima

Vi si ribadisce la misoginia di Ripafratta (al suo primo monologo): «Lo sanno pure ch'io non voglio donne per i piedi»; e subito sotto: «Moglie a me! Piuttosto una febbre quartana». È come una sbrigativa istantanea del Cavaliere, un ruvido «primo piano» (e ci prepara, ovviamente, al primo incontro-scontro con Mirandolina). Ma intanto c'è stato un cambio di scenografia (il primo, nel primo atto, a metà circa del medesimo): il che non è soltanto un fatto esterno, meramente visuale: segna il passaggio da un ambiente collettivo e pubblico (la sala di conversazione di I,1-10) ad uno del tutto individuale e privato (la camera da letto e pranzo di Ripafratta di I,11-16), dove soltanto si potranno sviluppare certe esperienze. Per inciso, non è senza calcolo da parte di Goldoni che l'amico lontano, che suggerisce per lettera un matrimonio d'interesse a Ripafratta, si chiami Taccagni, cioè spilorcio; e il defunto suocero, la cui dipartita lo permetterebbe, si chiami Manna, cioè fortuna piovuta dal cielo. Il tema del denaro è tra i fondamentali della commedia.

Scena dodicesima

Lo sa bene l'indiscreto Forlipopoli che, intrufolatosi nella stanza, subito sviluppa questo *leitmotiv*, dinnanzi a Ripafratta: le donne-streghe con i loro sortilegi non gli impediscono di ricordare i fastidi della tenuta di campagna. E sono, è facile intuirlo, fastidi economici. Intanto Ripafratta insiste nel proclamarsi corazzato dai «vezzi», dalle «lusinghe» della seduzione femminile.

Scena tredicesima

In Forlipopoli si sovrappongono e fondono due «tipi» – cioè due figure ricorrenti e sociologicamente significative – dell'aristocrazia goldoniana: l'avaro (l'«Arsura» di I,10) e lo «scrocco», il parassita sociale. La scena è una impeccabile partita di fioretto («Ora viene con una seconda stoccata», osserva Ripafratta, connotando il campo metaforico in cui va inscritta), i cui referenti sono una serie di voci verbali legate alla pratica del prestito e dell'usura: «essere in un grande impegno», «fare altrui piacere», «servirsi». Ottimo attore di se stesso, Forlipopoli, una volta vinto l'avversario ed esaurita la necessità della finzione, si eclissa altrettanto rapidamente di come era giunto («Ho un affare di premura... amico»).

Scena quattordicesima

La sconfitta di Ripafratta, attore mediocre, che non sa «uscirne con riputazione», è prologo (implicito) alla seconda sconfitta, con Mirandolina. È chiaro, infatti, che non è importante che il cavaliere si sia fatto «frecciare» uno zecchino soltanto al posto di venti. Ripafratta ha perso con Forlipopoli come dinnanzi a chi ha saputo simulare meglio di lui.

Scena quindicesima

Si potrebbe osservare che nella costruzione del primo atto Goldoni segua una cadenza quinaria: I,5 è la scena del primo incontro tra Mirandolina-Ripafratta; I,10 quella dell'incontro-scontro tra Mirandolina-Fabrizio (ed è allora che la locandiera si prefigge di fare ciò che ora sta facendo: cioè, «portare» di persona la «roba» al «forestiere»); I,15 quella della prima seduzione tra Mirandolina-Ripafratta; I,20 quella dello smascheramento tra Mirandolina-Ortensia e Dejanira, le due attrici.

A parte la costatazione, di mera tecnica compositiva (ma Goldoni è commediografo attento a codesti equilibri), la scena poi, al suo interno, ha una costruzione raffinata e complessa. C'è un avvio, con i due personaggi ognuno sulle proprie posizioni, Mirandolina fintamente imbarazzata («entrando con qualche soggezione») e Ripafratta istintivamente violento («con asprezza»). Poi Mirandolina sembra imboccare la strada canonica dell'ossequio sociale, intinto di adulazione: le «lenzuola» di «rensa» da «dieci paoli al braccio», le «tele di Fiandra», miste al «complimento» dovuto al «cavaliere» di «qualità». Ripafratta controlla la situazione (non è mica un «gonzo» da cedere a quelle «belle parole»), ma intanto ammette tra sé che quella è una «donna obbligante» (mentre Mirandolina, secondo un'apparente inversione di rotta di Goldoni, pare per qualche istante dubitare delle proprie forze: «veramente ha una faccia burbera...»; e più sotto: «Oh! Vi è del duro. Ho paura di non far niente...»).

Lo slittamento verso debolezze propriamente fisiche (quelle della gola, evocate dall'«intingoletto», dalla «salsetta») prepara quello scarto di brusca sincerità di Mirandolina (che, ovviamente, sta fingendo al massimo grado d'accortezza) che potremmo connotare come «maschile»: alla «debolezza», alle «ciarle» di quegli ospiti che vorrebbero «far all'amore», lei contrappone l'«interesse» di chi li tiene «a bottega» come clienti paganti; alle loro spasimatezze, effeminatezze, il sano «maschio» amore per la libertà di una donna che non s'illude più d'esser giovane («Io non sono una ragazza. Ho qualche annetto...»), tutt'al più sa d'essere piacente («non son bella, ma ho avute delle buone occasioni»).

È una solidarietà propriamente «maschile», all'insegna del libero individualismo («oh sì, la libertà è un gran tesoro»), quella che ora si instaura tra Mirandolina e Ripafratta e sfiora quasi i confini dell'omertà (tipica appunto tra soli maschi): «... e in verità compatisco quegli uomini che hanno paura del nostro sesso».

Non a caso la stretta di mano che, di lì a poco, Mirandolina strappa al suo ritroso Cavaliere è il riconoscimento della sua «virilità», contrapposta alla «debolezza» degli altri «cascamorti»: «Questa è la prima volta, che ho l'onore d'aver per la mano un uomo, che pensa veramente da uomo». Alla sguaiatezza di chi va «in deliquio» per un gesto siffatto, il Cavaliere, che conosce «il vero pensare degli uomini», contrappone il gusto maschio di «conversare alla libera... senza attacchi, senza malizia, senza tante ridicole scioccherie». Un uomo siffatto merita di comandare alle donne («Dove posso servirla, mi comandi con autorità»), merita che una piccolo-borghese si faccia trattare da lui «in qualità di serva». È una piccola apologia dell'autoritarismo maschista e del classismo (cioè, del suo corrispettivo sociale) quella che Mirandolina ha delineato (mentre, in un *a parte* di singolare crudezza, tiene a comunicarci che non è un uomo, ma un «satiro», cioè un mezzouomo-mezzobestia, quello che sta «addomesticando»).

Ed ecco l'ultima, risolutiva mossa: una concessione ed una ammissione: la concessione ad un maschio «non... effeminato», che perciò si può trattare «senza sospetto», di una qualche, futura intimità («Io veramente non vado mai nelle camere dei forestieri, ma da lei ci verrò qualche volta...»); e, di colpo, l'ammissione di un'attrazione irresistibile: «Perché, illustrissimo signore, ella mi piace assaissimo». A suggello, quella scommessa-programma, di nuovo in «basso stile», mormorata tra sé e perciò rivolta al pubblico: «Mi caschi il naso, se avanti domani non l'innamoro».

Scena sedicesima

Secondo monologo di Ripafratta, che, a partire da quel «So io quel che fo», sembra in fase di rianimazione: sembra cioè riacquistare coscienza di sé, dopo i pericolosi cedimenti della scena precedente: dal «No, mi fate piacere; mi divertite» (prima ammissione di un minimo di coinvolgimento) al «Questo accade, perché avete buona maniera» (addirittura un complimento); da «Per qual motivo avete tanta parzialità per me?» (domanda troppo controllata, che, all'opposto, cela una curiosità spasmodica) a «Che diavolo ha costei di stravagante, ch'io non capisco!» (domanda incontrollata e, in quanto «retorica», senza risposta, sospesa tra lo stupore e il dispetto).

Rimasto solo, Ripafratta pare riprendere il controllo della situazione: certo Mirandolina ha doti poco comuni, anzi in lei è «un non so che di straordinario», di eccezionale: «ma non per questo...». C'è come un'esitazione nell'involversi di quella formula negativa. Disposto, al massimo, all'intrattenimento, al gioco del corteggiamento («Per un poco di divertimento...»), Ripafratta ammette già (senza ammetterlo, ma per via di ipotesi, e di una ipotesi pressoché assurda) che finirà innamorato: «Costei sarebbe una di quelle che potrebbero farmi cascare più delle altre».

Scena diciassettesima

Siamo passati in «altra camera», cioè in un'altra stanza per ospiti (è il terzo ambiente del primo atto): una *suite* di due sale, da letto e da pranzo, come Fabrizio si fa scrupolo di illustrare alle due «dame»: giacché «all'aria, all'abito» paiono tali al cameriere, stupito tuttavia che viaggino «così sole», senza padre o consorte o protettore, com'era allora consuetudine. Ma chi sono costoro? Hanno due nomi, che mettono in sospetto: l'uno troppo di maniera, l'altro decisamente sublime (Dejanira è nientemeno che la bella e infelice sposa di Eracle, da lui ripagata con l'adulterio). Ma i nomi ancora lo spettatore non li ha uditi (li conosciamo noi, lettori del copione a stampa). Dovrà captare al volo un *a parte* di Ortensia («Bisogna secondare il lazzo») per intuire che quelle due sono attrici in *tournée* (il *lazzo* è un effetto mimico o gestuale o acrobatico – dal latino *actio* – con cui i comici dell'arte erano soliti arricchire i loro dialoghi *all'improvviso*, cioè non imparati a memoria su un testo scritto, ma reinventati sera dopo sera sulla base di una traccia o *canovaccio*). E la stessa Ortensia gli offrirà una spia della

loro condizione «volgare» (gli attori, non apparte-
nendo a nessuna classe sociale, erano all'epoca as-
similati al «basso stato») quando chiederà di parlare al padrone per il «trattamento». Nessuna dama
vera si sarebbe mai abbassata a discutere sul prezzo della pensione.

Scena diciottesima

Finalmente sole, Ortensia e Dejanira si confermano
quelle che sono, due commedianti, abbandonandosi
di gusto al loro gergo di *clan*: «Verranno i nostri
compagni, e subito ci *sbianchiranno*»; «Per mancanza di *lugagni*»; «Sì, ma se non istavo io alla porta,
non si faceva niente» (quest'ultima espressione, che
Goldoni non annota, è ancora nel gergo teatrale
d'oggi e vale: «Non si guadagnava nulla»). Infastiditi
dalla volgarità di questi due personaggi, e timorosi
che infastidissero, a loro volta, il pubblico, molti ca-
pocomici dell'Ottocento (avvezzi, del resto, a ridurre
qualunque classico) li soppressero di netto. Errore
marchiano, perché Ortensia e Dejanira non solo erano per Goldoni creature di schietta ispirazione auto-
biografica (basta quel «navicello» che dovrebbe portare i loro compagni da Pisa a Firenze a richiamare
quello su cui Goldoni, studente di filosofia, era fug-
gito, con attori, da Rimini a Chioggia), ma soprattutto gli permettevano di introdurre un altro tema fondamentale della commedia, il contrasto tra finzione
teatrale e finzione sociale. «Due commedianti avvezze a far sulla scena da contesse, da marchese e da
principesse, avranno difficoltà a sostenere un carattere sopra di una locanda?», si domanda Ortensia:
ed è un preannuncio dell'impari sfida tra le attrici di
professione e l'attrice «dilettante» Mirandolina (ma

al modo in cui si definiva «dilettante» il grande musicista veneziano del Settecento Tomaso Albinoni, morto tre anni prima).

Scena diciannovesima

Dinnanzi a Fabrizio che protesta i suoi buoni servizi e chiede «il loro riverito nome per la consegna», Ortensia e Dejanira oscillano tra l'ammirazione per il proprio «gioco» teatrale («Ortensia queste parti le fa benissimo») e un sottile, compiaciuto brivido di timore per le difficoltà via via da superare: «Ora viene il buono»; «Amica, i titoli sono finiti». Fabrizio, dal canto suo, nella rudezza popolana che gli è propria, vagheggia buoni affari, mance generose: e si lascia andare ad un goffo apprezzamento di folclore sessuale: «Siciliana? Sangue caldo». Lasciate di nuovo sole, se dovessimo giudicare da quello squarcio improvvisato di mimési beffarda delle nobili vere, Ortensia e Dejanira non promettono prestazioni eccelse. Parodia la loro, e parodia libresca, tratta da quei *generici* o prontuari dei singoli ruoli, cui erano soliti attingere gli attori del tempo: ed erano, per lo più, centoni di versi di poemi o di liriche tardocinquecentesche o secentesche, tra Tasso e Marino: con molte «fontane... del cuore» e «torrenti di grazie», per l'appunto.

Scena ventesima

Scena di capitale importanza per la comprensione organica del testo (e tutt'altro da sopprimere, dunque, perché «volgare»). È la scena – come s'è detto – del contrasto finzione teatrale-finzione sociale.

Da una parte ci sono due commedianti che recitano «con caricatura», con enfasi eccessiva; che non sanno «sostenersi», darsi quel tono che il loro ruolo (di dame) esige; che non sanno, addirittura, controllarsi mimicamente (le risate «da sé» di Dejanira): e s'accontentano, non a caso, di poveri giochi di parole (il «Barone mio marito», che diventa il «Barone di vostro marito», cioè quel briccone del vostro consorte).

Dall'altra c'è una commediante «sociale», che dopo un attimo le ha già giudicate troppo «cerimoniose» (e perciò stonate, false) e di lì a pochi istanti è certa che non siano «dame», ma «pedine»: cioè non gentildonne, ma umili donne e attrici mediocri.

Il fatto è che Ortensia e Dejanira fuori di scena non sanno fingere: lo spazio angusto della loro espressività è quello della ribalta: fuori di là, nella stanza di una locanda, in società, tornano a essere delle fragili, persino un poco infantili, donne qualunque. Mirandolina è il loro esatto contrario: la locanda è la sua ribalta, giacché la sua è finzione piena e radicale, è finzione sociale: ed è una donna vigorosa e matura.

È significativo che, una volta smascheratele, Mirandolina non offra alle «colleghe» né complicità né amicizia, solo un giusto rispetto tra (socialmente) eguali: ma, all'interno della sua «commedia» personale, decida di servirsene come comprimarie: l'arrivo di Forlipopoli, con quella menzogna calcolata («È ricco?» «Io non so i fatti suoi»), è la premessa della loro (inattesa) collaborazione.

Scena ventunesima

Ora che può contare sulle due commedianti, Mirandolina si trasforma in protagonista-regista. Si noti come «guida» le due attrici nella presentazione a

Forlipopoli con una teatralità controllatissima, in apparenza del tutto naturale. Le due attrici la captano nell'aria («La locandiera vuol seguitare a far la commedia»), ma – ancora una volta – non sanno adeguarvisi: nella loro «soggezione» a recitare fuori del teatro, in società, scivolano nell'enfasi, adottano pompose perifrasi del più trito repertorio *all'improvviso* («Ha detto un concetto da commedia», puntualizza Mirandolina con severa meticolosità capocomicale).

Anche lei, si capisce, si lascia andare a qualche *lazzo* (quello del fazzoletto, il lazzo del prendere fingendo di lasciare: «Acciò non vada in collera, lo prenderò»); ma, nonostante il malevolo commento delle attrici, che le si sentono inferiori («E poi dicono delle commedianti!»), lo fa con superiore noncuranza, con eleganza un poco stordita e lieve.

Cogliamo l'occasione per notare – vi abbiamo implicitamente accennato in I,15, a proposito di «lenzuola», «servizio da tavola», «intingoletto», «salsetta» – il netto rilievo che assumono gli oggetti nella commedia: in questa scena, è il «fazzoletto» di Londra esibito da Forlipopoli ad acquistare una presenza quasi abnorme. Ma questo effetto di ingrandimento, se così vogliamo chiamarlo, è voluto da Goldoni per sottolineare il loro valore di oggetti-merce, rifrazioni (quasi variazioni) del tema del denaro, che ossessivamente percorre tutto il copione (e la sottolineatura è in quel *a parte*, ancora una volta brutale e gergale, di Mirandolina: «Tutte alla vita; ma non ce n'è uno per la rabbia», cioè: «Tutte addosso [come briganti, che urlino: "O la borsa o la vita"]; ma [in quella borsa] non c'è un soldo, neanche a crepare di rabbia»).

Scena ventiduesima

Un altro oggetto-merce, un «piccolo gioiello di diamanti» («fornimento compagno» degli «orecchini» di I,5) domina, con molta evidenza, questa scena: il dono di un *parvenu* che non lesina, appunto, in grossolanità (apprendiamo, per inciso, proprio adesso, che Albafiorita è «napolitano»: a parte quel cognome, che è tutta un'allusione ad albagìa, cioè boria, spocchia, il tipo del *napolitano*, nella Commedia dell'Arte pregoldoniana, era quello del vanaglorioso). E si veda come, con pari grossolanità, le due commedianti, ormai «entrate in parte», si tramutano, all'odor di quel metallo, da ospiti in invitate: «Andiamo, andiamo, signor Conte. Il signor Marchese ci favorirà un'altra volta».

Mirandolina, in questa scena, sembra lasciar loro il massimo spazio d'azione. Si limita a qualche divertito commento («Posso ben dire con verità questa volta, che fra due litiganti il terzo gode»; e, più sotto: «Oh che bel pazzo!»). Si direbbe quasi voglia, per qualche istante, riposare nei panni della spettatrice (o della protagonista-regista, che guarda, compiaciuta, i propri colleghi «lavorare»).

Scena ventitreesima

L'ultima del primo atto (il più lungo dei tre, dal momento che il secondo conta diciannove scene, il terzo venti). È il secondo monologo di Mirandolina: il Cavaliere ne ha avuti sin qui tre a disposizione (in I,11,14 e 16): ma si tenga conto che mentre per questo personaggio il soliloquio è il solo modo per riflettere su se stesso e così palesarsi al pubblico, Mirandolina sfrutta anche, di continuo, in chiave di esplicita complicità, gli *a parte* per dialogare con gli spettatori.

È la riaffermazione del proprio programma, «l'impegno» (di fronte a se stessa) a sedurre Ripafratta. Mirandolina finge di dubitare dell'«arte sua», ostenta, simulatamente, insicurezza, persino un'inferiorità rispetto alle commedianti («non so se avrò l'abilità che hanno quelle due brave comiche, ma mi proverò»): ma in quella interrogativa retorica («Possibile ch'ei non ceda?») c'è già tutta la certezza della vittoria.

ATTO SECONDO

Scena prima

Siamo tornati nell'appartamento (la «camera») del Cavaliere (dove si è già svolta l'azione di I,11-16). Qui si dipana il secondo tempo della seduzione di Mirandolina: la potremmo chiamare la seduzione «per gola», preannunciata da Mirandolina stessa in I,15 («Se le piacesse qualche intingoletto, qualche salsetta, favorisca di dirlo a me»).

Gli oggetti hanno, di nuovo, una notevole rilevanza simbolica: il «libro», con cui il Cavaliere tenta di distrarsi dal pensiero di Mirandolina passeggiando; i piatti (il «tondo», più volte cambiato) su cui sfoga il proprio appetito, sostitutivo dell'appetito erotico (di continuo represso) per Mirandolina.

Spira sulla scena una bell'aria di solidarietà maschile in quel dialogo tra il Cavaliere, tornato «dolcissimo» ora che non ci sono donne in giro (lui che «non conosce il buono», come ammicca, nella sua rude sessualità da *lumpen*, Fabrizio), ed il suo servitore. Ma la protagonista di quel dialogo è una donna:

la «assai compita», la «garbata» Mirandolina: lei, che al Cavaliere aveva chiesto d'essere comandata «con autorità» (I,15), trova ora nel domestico di lui uno che vorrebbe «servir[la] come un cagnolino».

L'evocazione di Mirandolina è talmente stringente («Per bacco! Costei incanta tutti») che il Cavaliere, pur ribadendo la propria misoginia («Avanti ch'io superi l'avversion per le donne, ci vuol altro!»), incomincia a dubitare della sua resistenza («Sarebbe da ridere che incantasse anche me») e medita un'onorevole fuga («Orsù, domani me ne vado a Livorno»).

Scena seconda

Si continua a mangiare, supplendo col cibo il desiderio erotico (ora c'è in tavola un «pollastro», forse, più avanti, verrà servito un «piccione»), e si lodano le doti culinarie di Mirandolina (la sua «salsa» che è preziosa, anzi «squisita», «la meglio» che il Cavaliere abbia gustato).

Il Cavaliere abiura all'appena ribadita misoginia mandando il suo primo «complimento a una donna» che – rispetto alle donne «finte, bugiarde, lusinghiere» – ha in dote la «bella sincerità». È il momento in cui il personaggio è investito, con più nettezza, dall'ironia di Goldoni. Ma presto la sua vicenda si colorirà di melanconia e la complicità del commediografo sarà più evidente.

Scena terza

Altri cibi (altre seduzioni erotiche, in codice) stanno per giungere dalla cucina (in I,15 Mirandolina non ha detto, servendosi dello stesso codice, che i suoi «amori» erano le «faccende di casa»?).

Il Cavaliere, dinnanzi alla «generosa» e «compita» locandiera, dal cui fascino si sente avvolgere, rimedita la fuga («Trattarla bene, ma andar via presto»): ma che l'attrazione per lei sia irresistibile lo si avverte, specularmente, nella stizza con cui riprova la «debolezza» del Conte, sino a scivolare nella volgarità del gergo («Appena vede due donne, subito si attacca»). Ed è chiaro che nell'immagine dell'amico, «a tavola con due dame», Ripafratta proietta se stesso a tavola con Mirandolina.

Scena quarta

Entra nella camera di Ripafratta Mirandolina, nel terzo tempo della sua seduzione: e alle «smorfie» di Ortensia e Dejanira, cui ha appena fatto cenno, nel suo disprezzo, Ripafratta, contrappone una compitezza eccezionale.

Si osservi l'«umiltà» (del tutto simulata, ovviamente) della «serva» (in questo, la presente scena e I,15 sono strettamente connesse: «Dove posso servirla, mi comandi con autorità») che offre all'ospite-padrone un segno concreto del suo doveroso ossequio: nella fattispecie, un «intingoletto», una carne in umido (non un sugo, un condimento, come si legge in varii commenti).

E si badi come quella «serva» neghi e affermi, si umilii e si esalti, a contrasto, di continuo, in una tattica di sorpresa e spiazzamento, assai fitta, dell'avversario: lei, che «non sa far niente di bene», è, poco sotto, la stessa che vanta «de' secreti particolari», le cui «mani sanno far delle belle cose!».

Ma c'è di più. Alla compitezza (il «garbo» di tante eroine goldoniane) Mirandolina accoppia un'inedita capacità di suscitare la passione negandone a parole la possibilità stessa («Da lei vengo senza scrupoli, con franchezza») e attizzandola per contrasto a livello gestuale e comportamentale.

Sotto questo profilo l'intera sequenza del vino di Borgogna è di una forte allusività erotica, sino a quel bere «le bellezze» di Ripafratta (un modo di dire canagliesco, prima che galante), che, nella promiscuità inattesa del gesto (d'una «serva» che posa le labbra dove si sono appena posate quelle di un nobile) allude ad una metaforica promiscuità sessuale.

Ripafratta cede a questa promiscuità vischiosa, non senza soppesarne la relativa «vergogna» sociale (quel «Non lo dire a nessuno, che la padrona sia stata a sedere alla mia tavola» sussurrato al servitore è inequivoco), ma si spinge sino ad esigere un'assoluta intimità (il brusco «Va via» di poco più sotto). Riscaldato ormai a dovere, con la furia precipitosa di chi «vuol morire» (è un'osservazione sarcastica del suo servitore), ammette d'essere a rischio di «mutar natura», confessa – con una involuta perifrasi, riprova del superiore magistero stilistico di Goldoni – il proprio godimento a star vicino a Mirandolina: «Voi siete la prima donna di questo mondo, con cui ho avuto la sofferenza di trattar con piacere».

È a questo punto che la strategia di Mirandolina, quell'alternanza continua di affermazione-negazione, si esprime con la massima raffinatezza, intellettuale e ludica, razionale ed erotica. Ci sono tra uomo e donna profonde affinità pulsionali (i «sangui che s'incontrano»: momento dell'affermazione): ma questa «simpatia», per cui anche Mirandolina prova per Ripafratta «quello che non [ha] sentito per alcun altro», viene subito negata («Oh via, signor cavaliere, se è un uomo savio, operi da suo pari. Non dia nelle debolezze degli altri») solo per essere, pochi istanti dopo, riproposta

(«Anch'io mi sento un non so che di dentro, che non ho più sentito...») e, di nuovo, di lì a poco, repressa: «... ma non voglio impazzire per uomini, e molto meno per uno che ha in odio le donne...».

Mirandolina, con una punta di esibizionismo, si spinge addirittura a parlare di sé fingendo di parlare dell'altro («... e che forse forse per provarmi, e poi burlarsi di me, viene ora con un discorso nuovo a tentarmi...»): e a tentare, per l'appunto, definitivamente, quell'altro con un brindisi tra «chi si vuol bene», che da un banale toccamento di bicchieri, «senza malizia», sprigiona invece un erotismo malizioso, per Ripafratta addirittura sconvolgente.

Scena quinta

La consueta importunità di Forlipopoli («Son qui ancor io») ha stavolta un suono stridente di intimità infranta: e l'«alterato» Ripafratta pare un amante colto in flagrante. Attrice abilissima, Mirandolina ostenta smarrimento, «vuol andar via» per avvalorare il sospetto di una tresca scoperta. Ma Forlipopoli ha altri obiettivi: per un bicchiere a scrocco («È Borgogna quello?», «Ma di quel vero?») non c'è trasporto amoroso degno di sospetto.

Scena sesta

La scena si dipana, piuttosto ampia, lungo due assi paralleli: la fascinazione «erotica» di Forlipopoli per il suo vin di Cipro; e quella, in controscena ed *a parte*, dei due quasi-amanti.

Poco importa al marchese che si tratti di «lavature di fiaschi» (come, in basso stile, non esita ad assicurarlo, con brusca franchezza, Mirandolina): per lui quel vinello acidulo è un'essenza medicamentosa («spirito di melissa»), un unguento («balsamo»), il cibo e la bevanda degli dèi («Che nettare! Che ambrosia!»), un dono degli dèi agli uomini: «Che manna distillata!».

Molto più terra-terra sembra l'erotismo di Mirandolina-Ripafratta: tre *a parte*, a mezza voce, in cui i due antagonisti duellano, per così dire, in punta di fioretto, alludendo più che dire esplicitamente: «Eh! furba! Voi vedrete benissimo...» (anche se, coerentemente al proprio personaggio, ognuno si batte con le armi che possiede: Mirandolina col «vezzo», cioè con calcolata arte seduttoria, Ripafratta con la «passione», cioè col trasporto dell'anima).

In chiusura di sequenza le due assi si incrociano: Forlipopoli ribadisce la propria soggezione amorosa a Mirandolina («Cavaliere mio, io sono innamorato di costei perdutamente»), la propria gelosia («E son geloso come una bestia. La lascio stare vicino a voi, perché so chi siete...»): e non è difficile intuire quanto livore represso ci sia nell'ultimo «da sé» di Ripafratta («Costui principia a seccarmi»).

Scena settima

Pare una semplice scena di raccordo, una scena-ponte: ma è qualcosa di più. Intanto ci ricorda che si sta svolgendo una vicenda «seconda» di seduzione, quella, certo meno elegante e sottile, tra Albafiorita, Ortensia è Dejanira, tra un aristocratico «arrivato» e dal portafoglio facile e due attrici di facile conquista. Ma, soprattutto, nell'ennesimo dispetto di Albafiorita a Forlipopoli (una gran bottiglia di vino delle Canarie contro i tre «bicchierini politi» di presunto vin di Cipro: una conferma ancora dell'evidenza simbolica

degli oggetti), sottolinea che questa è una commedia
di opposti egotismi e, diciamolo pure, di narcisismi
in piena pulsione: se Albafiorita vuol «soverchiare»
Forlipopoli, vuole «stargli sopra», non ambiscono allo stesso risultato, ciascuno per proprio conto, Ripafratta e Mirandolina? Non sono, anche loro, dei «te-
merari» nell'imperioso tentativo di sopraffarsi l'un
l'altro?

Scena ottava

Lasciati soli, senza testimoni importuni, Ripafratta e
Mirandolina escono dai loro *a parte*, si affrontano in
campo aperto.

Ripafratta non sa se parlare con franchezza, una
volta per tutte («Sì, voi siete...»), ma l'angoscia, l'«affanno», gli strozzano la parola in gola; cerca di reagire
con aggressività tutta maschile, con l'«imperio», col
tono di comando di chi è avvezzo a dar ordini alle
donne inferiori («Fermatevi, vi dico»); si scontra con
l'«alterezza» di Mirandolina («Che pretende da me?»);
di nuovo precipita nello sgomento, nella confusione
di chi sembra non aver «nulla» da dire.

Mirandolina, sul piede sempre di uscir di scena, in
realtà la domina: e quel suo stare «in piedi, in piedi»,
riaffermato due volte, è un bell'emblema di superiorità morale. Quanto al brindisi cifrato, suona, *in li-
mine*, come un armistizio: quel «faccio quel che fate
voi», quell'ammettere, tra il serio e il faceto, che dinnanzi alla forza di penetrazione d'Amore non c'è superiorità che tenga, vale a lasciare aperto il campo
all'iniziativa dell'amante-rivale. Dinnanzi ai dardi
d'Amore, pare suggerirgli Mirandolina, il mio cuore
non è più protetto del tuo.

Scena nona

Il «misterioso» brindisi s'è appena concluso ed ecco che Mirandolina si è già eclissata. Ripafratta, che stenta a svelarne la facile allegoria, vi avverte – con la consueta propensione ad ingigantire le cose, a iperbolizzare situazioni e stati d'animo – una minacciosa presenza demoniaca («Se n'è fuggita, e mi ha lasciato cento diavoli che mi tormentano»; e, più sotto, «Diavolo, diavolo, me la farai tu vedere?»). La donna, solo per qualche istante «malandrina», cioè astuta e a suo modo affascinante, diventa subito «maledetta»: anzi «maledettissime» son tutte le donne: che ad altro non mirano che ad «abbattere», ad «assassinare», portatrici di rovina e di morte, come moderne Erinni. La fuga, ancora una volta («No, anderò a Livorno»), è la sola soluzione possibile.

Scena decima

Siamo entrati nel quarto ambiente dall'avvio della commedia (la sala comune, l'alloggio del cavaliere, la stanza delle comiche, ancora l'alloggio del cavaliere, ed ora quello del conte): e siamo tornati sul versante della finzione teatrale, di cui sono «portatrici» Ortensia e Dejanira.

Non a caso si parla dello spiantato ma galante Forlipopoli («dissipato» e «grazioso» sono due aggettivi inconciliabili nell'universo goldoniano) come di un «carattere» da commedia: e, di nuovo, quella «compagnia» di comici che deve arrivare (e non arriverà mai) si profila, sfumata, all'orizzonte: mentre sempre meno crediamo a quel che orgogliosamente sostiene Dejanira, che comprenda «personaggi», cioè interpreti, «che per imitar caratteri sono fatti a posta».

E neppure Albafiorita, che pure è disposto a «far qualche cosa» per loro, ha in grande considerazione il loro stato di commedianti: «Il far all'amore con voi altre, per dirvela, mi piace poco. Ora ci siete, ora non ci siete». Perciò, a dispetto della pesante ironia delle comiche («Capperi! Veramente una gran signora!»), meglio «la padrona della locanda», che è, tra l'altro, dotata di «un grande spirito». Solo quell'«altro bel carattere da commedia» che è Ripafratta, nella sua tetra misoginia, può disprezzare «ancora» Mirandolina.

Perché allora non ritentare con lui quella finzione teatrale che con Mirandolina (in I,20) non ha retto che per pochi istanti? «Per puro divertimento», per «spasso» – in un gioco scenico che vorrebbe, insomma, appagarsi di se stesso e sostituirsi alla vita – Ortensia e Dejanira, mediocri ma cocciute, ci riprovano. In veste di committente e di coro, al tempo stesso, di quella seconda «commedia nella commedia», Albafiorita non nasconde il suo pessimismo: «Dubito che non farete niente».

Scena undicesima

Seminascoste, per non spaventare subito il loro coagonista-vittima, Ortensia e Dejanira promettono grande successo («Tempo, e non dubiti»). Albafiorita, palesemente poco fiducioso, raccomanda loro, ad ogni buon conto, di fingersi «dame», cioè gentildonne: se non sarà la loro abilità di attrici, saranno almeno le regole del vivere civile (la «civiltà») a costringere Ripafratta ad entrare, inconsapevole, nel gioco scenico.

Scena dodicesima

Appena le comiche si sporgono, alle spalle di Albafiorita, Ripafratta, dinnanzi a due nuove apparizioni del maledettissimo demoniaco femminile, si ritrae nel guscio («Disimpegnatemi»). Né l'evidente impaccio delle attrici ad entrare nella parte (quelle esitazioni, quel rinviarsi la battuta: «Sappiate, signore... Amica, principiate a dir voi») allevia la tensione: tanto che l'uscita di scena di Albafiorita, sotto un pretesto di galateo («Orsù, capisco che la mia presenza vi dà soggezione»), è, in realtà, qualcosa di simile alla fuga precipitosa di un impresario teatrale che ha montato uno spettacolo destinato a cadere.

Scena tredicesima

Alla prova dei fatti le due attrici non dimostrano, ancora una volta, una grande padronanza scenica. Molto più persuasivo nella sua rudezza («Scusi, non ho volontà di sedere»), nella alterigia mista a profonda diffidenza («Due dame abbandonate? Chi sono i vostri mariti?»), è Ripafratta, proteso nella sua finzione sociale. All'opposto (come già con Mirandolina, in I,20) Ortensia e Dejanira si dimostrano insicure e confuse. Nell'eccesso caricato – e perciò, almeno in parte, «finto» – della propria misantropia («Vivo a me stesso», che è formula lapidaria), Ripafratta persuade e conquista lo spettatore. Le due attrici lo irritano (questa è, a ben guardare, l'intenzione di Goldoni) nella loro scoperta fragilità («Noi non siamo dame»), nel loro immediato ricadere nel gergo di compagnia («Non vi vogliamo già *mangiar* niente»).

E si noti, all'opposto, come Ripafratta – non appena è certo della propria superiorità «sociale» sulle avversarie («Son ben pervenuto in favore dell'arte vostra») – non solo non le teme più affatto (il «non ho paura di voi»), ma si diverte ad entrare, non richiesto e fuori tempo, nella loro finzione teatrale, divertendosi, con infantile cocciutaggine, a sfoggiare le sue conoscenze gergali («Anch'io so parlar in gergo»). Ma si osservi subito, di rincalzo, come l'eccesso offensivo di quel gioco gergale («Ha più del contrasto, che del cavaliere») lo richiami, di scatto, alla socialità, al disprezzo del superiore socialmente («E vi dirò che siete due impertinenti»): e, di qui, all'uso del gergo non più come strumento di intrattenimento, di gioco scenico, ma come codice di scherno propriamente classista («Bello quel viso trionfato!»; «Bello quel tuppé finto!»).

Scena quattordicesima

Doveva essere una «bella scena» di teatro-nel-teatro: ed è riuscita una mediocre scena di scherno (di «strapazzo») sociale.

Perché non riesce a Ripafratta di schernire, di «strapazzar» Mirandolina? Perché in lei finzione teatrale e finzione sociale si fondono in un amalgama perfetto e di resa superiore. Ancora una volta, per il Cavaliere non c'è che da riprogettare la fuga: anzi, «con risoluzione da uomo» (curiosa ammissione di debolezza, curioso *lapsus*, per un maschilista convinto), da metterla in atto subito, oggi e non domani. Al rimpianto, appena sussurrato, del servitore («oh, quanto mi dispiace andar via, per causa di Mirandolina!»), il quale, sin da II,1, non aveva fatto mistero al padrone della propria devozione alla «compita» e «garbata» giovane (l'avrebbe voluta, addirittura, «servir come un cagnolino»), fa eco, incontrollata e inconsapevole, la «dispiacenza» di Ripafratta. E un malessere nuovo, non mai provato: chiamiamola, la malinconia del distacco. Invece di accettarla con serenità, come segno e pegno d'amore, Ripafratta la prende a prova della malvagità femminile («sì, voi ci fate del male, ancora quando ci volete fare del bene»).

Scena quindicesima

Ricompare Fabrizio, non più in azione da I,19: ma la scena che a questa, idealmente, si collega è la I,10, la scena, aspra, un poco torva, del suo «testa a testa» con Mirandolina.

Non a caso è l'universo dell'interesse che fa capolino di nuovo, con quella Mirandolina che immaginiamo in un suo studiolo, intenta a «far di conto» (la donna mercantessa, a cui s'è accennato nella introduzione); all'interesse, il proprio, si richiama, senza mezzi termini, Fabrizio («La prego di ricordarsi del cameriere»); e sulla reciproca intesa in base al comune interesse è, certo, fondata la baldanza matrimoniale del giovane («Mirandolina deve essere mia moglie»). Ancora una scena, in apparenza, meramente funzionale, che invece ci prepara, con molta lucidità, all'esito conclusivo della commedia.

Scena sedicesima

Un'ennesima pausa riflessiva di Ripafratta, ma sempre più contratta, e, al suo interno, scandita in membri sintatticamente sempre più brevi (si notino le avversative e le interrogative assai fitte). L'arrivo, fuori quinta, di Mirandolina, con «un foglio in mano», è il segnale di una sofferenza estrema, quella dell'«ultimo assalto».

Scena diciassettesima

La celebre, quasi canonica scena del finto svenimento è, in realtà, un esempio di perfetto equilibrio tra finzione teatrale e finzione sociale.

Mirandolina, che entra in scena con voce e andatura mesta, quasi esitando (quel calibratissimo «stando indietro»); che si asciuga gli occhi, se li copre, mostra di trattenere un nuovo sbocco di lacrime; che dice senza dire, anzi lasciando intendere ciò che si preferisce intendere («Gradisca per un atto di...»); che, infine, «cade come svenuta», salvo rialzarsi di scatto e ripiombare giù immobile, è certo un'attrice di superiore finezza, che invera e rende più nobile un vecchio *lazzo* della Commedia dell'Arte, il *lazzo*, da giovane amorosa, del finto svenimento.

Ma tutta questa piccola commedia di tremori, allusioni, simulazioni è poi nutrita di una finzione seconda, di robusta socialità. Giacché chi parla è, dopotutto, una piccola proprietaria d'azienda, che ostenta di ospitare, con calcolata generosità, per soli «venti paoli», un suo corteggiatore recidivo e gli regala i suoi «piatti particolari»: è, per dirla tutta, una piccolo-borghese ascendente, che seduce un «cittadino» con le concrete e circoscritte armi del proprio domestico realismo.

Conquistato sull'uno e sull'altro versante, dal «trattamento sì generoso» dell'ostessa e al tempo stesso dal «colpo di riserva sicurissimo» dell'attrice, Ripafratta ne scopre per la prima volta il fascino fisico («Oh, come tu sei bella!», un'eco, per contrasto, del «non son bella» di Mirandolina stessa, in I,15); benedice («Che tu sia benedetta!»), con un fulmineo voltafaccia, chi aveva sempre maledetto come rappresentante del demoniaco femminile; e, soprattutto, lui così cauto e diffidente, non ha dubbi sull'amore di lei: «Ah, certamente costei mi ama!».

Scene diciottesima e diciannovesima

La metamorfosi interiore di Ripafratta è così radicale e istantanea che ora gli sono odiosi tutti gli altri, salvo Mirandolina. Ma gli altri, ora, gli fanno muro davanti: si direbbe che, per una tacita intesa, vogliono escluderlo dal consolatorio abbraccio di Mirandolina: il servitore «maledetto», che gli si precipita incontro, spada e cappello alla mano, quasi volesse portarlo lontano da lei (ma chi glielo ha ordinato, se non Ripafratta?); Forlipopoli e Albafiorita, che gli rimproverano, così improvvidamente, d'esser «caduto» vittima del suo fascino.

Quel vaso gettato in terra, «verso il Conte e il Marchese» (ancora un oggetto-simbolo, tra i tanti della commedia), allude chiaramente all'impotente «furia» omicida di Ripafratta. Lui, che ha sempre fatto il vuoto intorno a sé, ora vorrebbe farlo intorno a sé e a Mirandolina.

Ma la locandiera vuole che il suo «trionfo» sia «pubblico»: e già da questa scelta intuiamo che la condanna di Ripafratta dovrà essere non solo sentimentalmente, ma socialmente esemplare. Il solo «escluso», in ultima istanza, sarà lui: e, come vedremo, sarà Mirandolina a marcare, con confini molto rigidi, la sua separatezza dagli altri.

Scena prima

Consumata la sua finzione teatrale («L'impresa è fatta» di II,19), Mirandolina torna a quello che è lo spazio, geloso, della sua socialità, quella «camera... con tavolino e biancheria da stirare», che è il quinto ambiente della commedia: è qui che ha da badare «a' fatti» suoi, alla propria funzione sociale, ora che è passato il «divertimento», che la finzione teatrale s'è chiusa: nei risultati, se non nei fatti.

Ma in Mirandolina l'attrice stenta a scemare. Con quel Fabrizio, che con «serietà» offesa e sdegnosa le rimprovera di trascurare «i poveri uomini» a favore della «nobiltà» (quale più esplicito richiamo alla dialettica sociale, di classe addirittura, che percorre l'intera commedia?), Mirandolina usa, con arte sopraffina, la retorica allusiva della sospensione («ed io... basta, non dico altro», e più sotto: «Se vi potessi dir tutto!») o del finto monologo interiore («Con questi uomini, più che loro si vuol bene, si fa' peggio»).

Diviso tra «serietà» e «tenerezza», Fabrizio è nello stato di stordita inconsapevolezza («Non so niente... Non so niente») di chi è altalenato tra opposte pulsioni affettive («Ora la mi tira su, ora la mi butta giù»).

Scena seconda

Ciò che viene spontaneo notare, proprio in apertura di scena, è come Mirandolina sottolinei, con uno sconcertante sovrappiù di presunzione, la propria superiorità sulle vittime (atteggiamento che corrisponde ad un pescar nel basso di una colloquialità vagamente triviale: l'«a suo marcio dispetto», ad esempio). Il punto è che da qui innanzi Goldoni prende gradualmente, ma con crescente nettezza, le distanze dal suo personaggio, marcandone, come evidenti limiti, gli eccessi egotico-narcisistici.

Ripafratta entra in scena, senza entrarvi, attraverso un nuovo oggetto-simbolo. È la «boccetta... d'oro», da «dodici zecchini», «comprata a posta» per farne dono a Mirandolina. Con quest'oggetto e questo donativo Ripafratta accetta, tardivamente («... mi manda il medicamento, dopo che son guarita del male...», osserva ridendo di gusto Mirandolina), le convenienze sociali (i generosi doni multipli di un Albafiorita, tanto per citare un caso all'interno della commedia), e al tempo stesso ammette la propria soggezione amorosa a Mirandolina.

Naturalmente Mirandolina – tatticamente – «ricusa»: e l'«affronto», invece che mortificare, attizza l'ammirazione del già conquistato servitore: «Oh che donna! Una simile non l'ho più ritrovata...».

Scena terza

Ancora un eccesso di autoesaltazione di Mirandolina; ancora scelte lessicali di basso strato, di un metaforismo modestamente culinario («Il di lui cuore è in fuoco, in fiamma, in cenere» di II,19 diventa qui, sempre con cadenza ternaria: «Uh, è cotto, stracotto e biscottato!»). Sempre meno siamo disposti a credere che Mirandolina voglia riaffermare «la forza delle donne», cioè una generale misura di superiorità femminile, quanto la propria superiorità di piccolo-borghese in ascesa.

La scena che segue è il proseguimento di III,1: Fabrizio che rientra, con un sovrappiù di sostenutezza, per aver appreso dal servitore delle «ambasciate» e dei «regali» di Ripafratta e se ne esce, ancor più stordito («Ell'è una testolina bizzarra...») ed ancor più avvinto («... ma le voglio bene»); Mirandolina che gioca di sospensione («Orsù, non parliamo d'altro» e «Non dite altro») e s'abbandona, in chiusa, ad un altro autoelogio. Anche qui non ci sembra (ed è ciò che Goldoni si è ripromesso) che il personaggio sia un modello di «buona grazia», di «pulizia»: ci pare, all'opposto, che la sua «disinvoltura» sia eccessiva e un tantino volgare.

Scena quarta

Invece d'accettare il «torto» e disgustarsi di Mirandolina, Ripafratta le si ripresenta, persuaso del proprio errore: ma c'è, di nuovo, di mezzo la demoniaca attrazione femminile: «Eccola. Non ci volevo venire, e il diavolo mi ci ha trascinato».

L'«Eccolo» di Mirandolina è di tutt'altra tempra, assai lucido e prosaico. E lucida, come di consueto, è tutta la strategia attorale di quelle occhiate in tralice («colla coda dell'occhio»), o appena accennate («guardandolo un poco»). Ma c'è, in questa sequenza, assecondata da quell'atto, così corposo e appunto prosaico, dello stirare, tra panni umidi e ferri caldi, un tocco in più di «rabbia» e di «disprezzo»: diciamo, senza tema di forzare, una furia plebea, di chi, alla resa dei conti, pare ricordarsi di chissà quali soprusi patiti dalle classi superiori, in tempi non lontani. È chiaro che «rabbia» e «disprezzo» son finti, fanno parte della finzione teatrale: ma è come se sotto urgesse il fuoco non sopito della socialità.

Ciò spiega, in parte, quel tanto di aggressività lessicale («Signor Cavaliere, a che ora fa la luna nuova?»), mimica (il rider «forte», ad esempio), fonica (il chiamar forte, «con caricatura», Fabrizio fuori scena), gestuale (il gettar «con disprezzo» la boccetta nel paniere). Sono tutti ritrovati attorali, d'accordo, ma forzati a dir altro che la loro plausibilità ed efficacia scenica.

Ripafratta, sotto tanta violenza espressiva (e sociale), è poco più che uno zimbello, che trascorre, senza controllarsi né capire, dalla «passione» alla mortificazione, dalla tenerezza all'ira. Goldoni, certo, non sta dalla sua parte: ma neppure sembra condividere gli eccessi, teatrali e sociali, di Mirandolina.

Scena quinta

Due gelosie giocate (nel senso, proprio, teatrale) a contrasto: la sostenutezza di Fabrizio, le smanie di Ripafratta, desiderosi, l'uno e l'altro, d'essere il solo beniamino dell'amata. Ma la finta «tenerezza», così provocatoriamente ostentata, verso Fabrizio sempre più frastornato («Che vivere è questo? Sento che non posso più...») è preludio alla conclusiva tenerezza «vera»: la verità, se non altro, di una scelta sociale protettiva.

Scena sesta

È la gran scena della mortificazione e, diciamolo pure, della degradazione sociale del Cavaliere.

Si badi a quell'attacco, provocatorio, di Mirandolina: «Io innamorata di un cameriere?»: e la si segua nella minuziosa strategia d'attacco a Ripafratta. Vi si mescolano rude ironia («Del re di spade o del re di coppe?»: sono degna di un nobile di sangue o di censo: dello spiantato Forlipopoli o del *parvenu* Albafiorita?) e sano realismo (quel badare alla «biancheria», perché d'essa, non di Ripafratta certo, si può «far capitale»). Ma è lo scherno aspro, risentito, a prevalere. Alla stremata dichiarazione d'amore di Ripafratta («Vi stimo, vi amo, e vi domando pietà») la locandiera risponde con una gergalità offensiva: «Sì signore, glielo diremo». E subito lo obbliga a far lui da servitore (quel manicotto fatto cadere a bella posta a terra perché lui lo raccolga e si dichiari ai suoi ordini: «Voi meritate d'esser servita»); lo tratta, «con disprezzo», da femminuccia («Le vien male?»); addirittura lo ferisce, per richiamargli, tangibilmente, sul dorso della mano, quell'altra, e «più grande», scottatura «nel cuore».

Tutto il finale della scena è in una tonalità di grottesco violento, con Mirandolina che passeggia per la scena, caracollando «col ferro in mano», e Ripafratta che le «vien dietro come un cagnolino», facendo la parte che il suo servitore aveva vagheggiato («Una donna di questa sorta la vorrei servir come un cagnolino», in II,1).

E le battute conclusive sono dure, spietate, pronunciate «con alterezza»: «Nessuno mi ha mai comandato», un programma di orgogliosa indipendenza borghese e femminile, anzi di una piccolo-borghese che ora finalmente afferma se stessa dinnanzi alle classi alte. E si noti quanto livore c'è in quel fulmineo *a parte*, in uscita di scena: «Crepa, schiatta, impara a disprezzare le donne».

Scene settima ed ottava

Si diceva del tono grottesco: ed è quello che domina, da qui innanzi, tutta la chiusa della commedia. Basta guardare al contrasto tra il dramma, sentimentale e sociale, di Ripafratta, che, dopo aver implorato «amore, compassione, pietà», si vede respinto e schernito (il «Non gli abbado, non può essere, non gli credo» sbattutogli in faccia da Mirandolina), e la commediola dell'inutile alterigia formale di Forlipopoli, che per una «gocciola d'acqua» schizzatagli sul vestito (è il «vaso» gettato a terra da Ripafratta in II,19) esige «soddisfazione».

C'è uomo e uomo, sembra suggerirci, impietoso, Goldoni: che qui adopera, ma con uno smalto straordinario, un *lazzo* canonico della Commedia dell'Arte: quello delle reazioni a contrasto tra due altercanti, in uno dei quali l'ira si smorza, mentre nell'altro, con vece alterna, sale a dismisura.

La scena si chiude col sarcasmo di Forlipopoli, che riprende se stesso in I,19, con quel «ci siete caduto, eh?»: una staffilata, per il misogino a tutta prova Ripafratta.

Scene nona e decima

La «vergogna» sociale di Ripafratta agli occhi di Forlipopoli, questo maniaco delle forme dalla vita senza sostanza, questo don Chisciotte sghembo e in ventiquattresimo, non ha che una spiegazione: la «soggezione» a dichiararsi suo «rivale» in amore.

Ma subito l'attenzione del marchese è attratta da un oggetto: la «boccetta». C'è, in questo personaggio, che non possiede nulla di suo, una incontrollabile smania di possedere (o di mangiare o di bere, che è lo stesso), che si traduce in un moto di attrazione propriamente fisica verso le cose. Si direbbe che sia calamitato dagli oggetti («È Borgogna quello?» in II,5) e che subito voglia esercitare su essi il meccanismo dell'appropriazione, con la furia dell'amante inappagato (qui il «Bella questa boccetta!», seguito dall'aprire, dall'odorare, dal gustare).

Ma la boccetta finirà nelle tasche di una «damina» intraprendente, Dejanira (il marchese è l'unico, ormai, degli ospiti della locanda a credere nobildonne le due commedianti). Anche in questo caso Goldoni «rivisita», con il consueto brio, un *lazzo* della Commedia dell'Arte, tipico del ruolo dell'avaro: il *lazzo* del regalo controvoglia. Per una battuta di troppo («È mia, e vostra se comandate») Forlipopoli si vede sparire sotto il naso la «boccetta», ne tenta il difficile recupero («Non è cosa da vostra pari. È una bagattella»), si rassegna alla sua scomparsa, convinto (con un'altra reazione tipica della psicologia dell'avaro, codificata da Plauto in poi) che vale poco ciò che non si può possedere o ciò che si è perso («Pazienza! Bisognerà pagarla a Mirandolina. Che cosa può valere? Un filippo?»).

Scene undicesima e dodicesima

Rubata come fosse «di princisbech», cioè di similoro, donata come fosse d'oro a Dejanira («Non vedete? È oro sicuro»), svilita di nuovo da Forlipopoli ad una lega, ma solo per recuperarla («Sentite. In confidenza. Non è oro. È princisbech»), la tanto contesa boccetta ritrova, nell'inconfutabile testimonianza del servitore («No signore, era d'oro» e subito dopo: «L'ho veduta comprar io per dodici zecchini»), la sua vera natura e il suo vero prezzo.

Per lo squattrinato marchese è la ricaduta nel dilemma dell'intera esistenza: tra il «decoro» del proprio rango («Son cavaliere») e la povertà cronica («Devo pagarla. Ma non ho danari»). A complicare le cose sopraggiunge Albafiorita con la notizia dell'innamoramento del «cavaliere Selvatico». Maniaco del «grado», della propria «condizione» (è il solo bene che gli resti), Forlipopoli non può ammettere che Mirandolina gli abbia fatto «questo torto»: nessuno, tantomeno il Cavaliere, può reggere al suo «confronto». Assai più realistico, come chi bada più al denaro che al titolo, Albafiorita elenca tutte le «attenzioni» che la locandiera ha riservato a Ripafratta: e lo persuade che Mirandolina gli abbia fatto un simile «strapazzo».

I due rivali di I,1 (la mirabile scena d'apertura, che vale più di una ricerca storica sulla nobiltà veneta del Settecento) sono ora accomunati dall'ingratitudine della donna: e tra loro si stabilisce un'inattesa complicità nella vendetta. Abbandoneranno quella locanda «indegna»: come hanno già fatto le «due comiche», all'arrivo dei loro «compagni». La loro recita (la «favola») si è chiusa: sta per chiudersi anche la «favola» seconda dei tre pretendenti, in un clima di malinconia impotente.

Scena tredicesima

È la scena più significativa di quella che abbiamo detto, nell'introduzione, la «presa di distanza» di Goldoni da Mirandolina.

C'è, intanto, quella «camera con tre porte», che – se obbedisce a precise motivazioni drammaturgiche (ad una batterà il Cavaliere, dall'altra entrerà Fabrizio, dalla terza Conte e Marchese) – è un po' come lo spazio vuoto, astratto della confessione di Mirandolina: una sorta di camera della coscienza della locandiera.

E Mirandolina, in effetti, si confessa: ammette d'esser mal capitata («Oh meschina me! Sono nel brutto impegno!») e riconosce d'aver ecceduto: «Ora principio quasi a pentirmi di quel che ho fatto». La sua «reputazione» di donna emergente, costruita a prezzo di equilibrio e di buon senso (le doti del perfetto mercante goldoniano e veneziano, spina dorsale della Repubblica), è ora messa a repentaglio.

L'eccesso in cui è caduta la riconferma, per di più, nella sua fondamentale solitudine, com'è di ogni egotista («Son sola, non ho nessuno dal cuore che mi difenda»): solitudine che è dunque, prima di tutto, affettiva. Il «cuore» potrebbe essere promesso a «quel buon uomo» di Fabrizio. Ma si può, ancora una volta, promettere senza mantenere? Il matrimonio con Fabrizio si profila, a questo punto, come una soluzione ragionevole. È un matrimonio «di copertura» (è Mirandolina stessa a scegliere quel verbo così esplicito: «mettere al coperto»), non è un atto d'amore. Ma alla piccolo-borghese Mirandolina preme soprattutto tutelare «interesse» e «reputazione», benessere economico e decoro sociale. Quanto alla «libertà», saprà lei come garantirsela.

Scena quattordicesima

Ancora un deliberato tocco di grottesco, da parte di Goldoni, con quel «batte per di dentro alla porta» del Cavaliere e Mirandolina che lo rispedisce nelle sue stanze, non senza calcolo, giacché è là che l'amore s'è attizzato in Ripafratta.

Ma il vero protagonista (inconsapevole) della scena è Fabrizio, che Mirandolina ha finalmente deciso, a freddo, di sposare. Stavolta la locandiera gioca la parte della «povera semplice», della giovane «senza malizia», che le parole di un pretendente acceso hanno fatto arrossire. Non è che un'ennesima metamorfosi nella finzione «teatrale» della donna-attrice: e subito scatena in Fabrizio l'istinto protettivo del marito-padre verso quella «giovane sola, senza padre, senza madre, senza nessuno». E la promessa fatta al padre vero è lì, proprio al limite della sequenza, a far da pegno tra i due.

Scena quindicesima

Goldoni non lesina il tragicomico in queste rapide scene che ci approssimano all'esito finale della commedia: e coinvolge tutti i personaggi nella stessa ironia: Mirandolina, che sgattaiola fuori della stanza, perché ha «paura» della propria «onestà» (basterebbe una battuta come questa per farci intendere che Goldoni è tutt'altro che infatuato del suo personaggio); il Cavaliere, che ha perso ogni controllo e bestemmia vigorosamente (questo è il significato letterale di quel «giuro al cielo!»); Fabrizio, incerto se assumere, con qualche anticipo, i propri doveri di padrone di casa («Che strepiti sono questi? In una locanda onorata non si fa così») o se appoggiarsi, ad evitare di «precipitare», alla solidarietà degli altri due pretendenti.

Scena sedicesima

Ed eccoli sopraggiungere, Albafiorita e Forlipopoli, «dalla porta di mezzo», in preda a propositi contrastanti: Albafiorita (come ha anticipato in chiusa di III,12) deciso a «parlar» con Ripafratta e chiedergli conto del suo comportamento; Forlipopoli, che ha la coda di paglia per quella boccetta così sfacciatamente rubata (lo ha ammesso, terrorizzato, in III,12: «Sempre peggio. Entro in un impegno col Cavaliere»), deciso, invece, a darsela a gambe alla prima occasione: «Se vedo niente niente, me la colgo».
Ma anche Ripafratta è diviso da impulsi contra-

stanti: trovare, ad ogni costo, la «scellerata» Mirandolina (e l'aggettivo è pesante) e nascondere, «per tutto l'oro del mondo», la propria «debolezza». A farglisi
sotto, per ora, è Fabrizio, che la presenza dei due
clienti ha rinfrancato. Fabrizio parla nei termini non
di un servo, ma di un locandiere *ante litteram* che di-
fende l'onore della moglie («... ma non ha poi da pretendere, la mi perdoni, che una donna onorata...»):
ed è significativo del costante controllo di Goldoni
sul comportamento sociale dei suoi personaggi che,
dinnanzi all'impetuosità incontrollata e fuor di regola
di un plebeo, i tre aristocratici si ritrovino, per un
istante, solidali, cacciandolo fuori scena.

Scena diciassettesima

È Albafiorita ora ad attaccare Ripafratta, rimprove-
rando all'uomo tutto d'un pezzo, al misogino ad ogni
costo di I,4 (quella è la scena cui dobbiamo collegar-
ci per intendere appieno questa) una debolezza sentimentale (il «cuor fragile»), una passionalità («le vostre smanie»), che ne ridimensionano di molto la
pretesa statura morale.

È questa *diminutio capitis*, questo svilimento che
Ripafratta nel suo orgoglio ostinato non accetta (abbiamo già detto nell'introduzione che questa è anche
la commedia della difesa ad oltranza del proprio egotismo, sotto le mentite spoglie di una identità fittizia).
Sceglie piuttosto di mentire, e grossolanamente: «Io
l'amo? Non è vero; mente chi lo dice».

Tutto ciò che segue è un pezzo di divertito (e sce-
nicamente irresistibile) «teatro teatrale». Un duello
era il passaggio obbligato di decine e decine di commedie di cappa e spada, che trionfavano, sul modello
spagnolo, a Firenze, Roma, Venezia, quando Goldo-

ni aveva esordito; lui stesso ne aveva fatto uso, come espediente romanzesco, nelle sue prime prove: ma, subito, si era preoccupato di teatralizzare al massimo l'espediente, di farne, insomma, il pretesto per un gioco comico liberamente inventivo.

Questo è, al più alto livello, il duello Albafiorita-Ripafratta (anzi, il suo prologo, perché il duello vero e proprio non ci sarà), con quel crescendo di tensione tra i contendenti (il «Non ho più sofferenza» di Albafiorita); l'ostentata neutralità dello sgomento Forlipopoli, di continuo chiamato in causa («Io sono amico di tutti»); ed infine la strepitosa comparsa dell'ultimo oggetto-simbolo della commedia, quella «mezza lama», ancorché «di Spagna», che non poteva non annidarsi nel fodero dello squattrinato marchese: simbolo, per l'appunto, di una nobiltà che non possiede più (o non più intatti) gli strumenti del proprio rituale.

Scena diciottesima

L'«Alto, alto» di Fabrizio-Mirandolina (si noti, appena, lo scarto tra quei due sostantivi: il «padroni» del servo, il «signori» della locandiera) interrompe il duello, ma mette in moto il «processo» a Ripafratta.

È questa, l'ultima grande scena della commedia: e, attraverso quel processo, ci conduce all'*auto-da-fé* del Cavaliere. C'è, infatti, un imputato, un coro di giudici (Albafiorita intransigente, Forlipopoli disposto a transare – con quel sibillino, a suo modo, e irresistibile «Dico, che quando è, si sa... Quando non è, non si vede» – e Fabrizio troppo parte in causa per aprir bocca), e quel magistrato inquirente di Mirandolina, che poi è, al tempo stesso, il solo vero testimone a carico di Ripafratta.

Parliamo di «processo» non per mero gusto allusivo, ma circostanziatamente. L'ex avvocato Goldoni si serve, di proposito, della struttura compositiva del dibattimento processuale, in questa come in altre scene-chiave di suoi capolavori (si pensi alla «renga» risolutiva della siora Felice nei *Rusteghi*), perché ritiene, non a torto, che nel suo ritmo stringente essa riesca di notevole efficacia drammaturgica.

Nella sua breve arringa l'espediente retorico messo in atto da Mirandolina è quello di ribadire l'innocenza dell'«imputato» Ripafratta per fargli confessare poi la propria colpa: «È vero, signore? Ho fatto, ho fatto, e non ho fatto niente». Se c'è una colpa (per meglio dire, una «debolezza»), è la sua d'aver tentato «d'innamorarlo»: a prezzo di «lagrime» «finte», di «mendaci... svenimenti».

A sentir parlare di «finzione» (e si badi che, sia pure a livello secondo, Mirandolina parla, finalmente, da «donna schietta e sincera»: ha veramente finto, ha veramente mentito, ma solo noi, lettori-spettatori, lo sappiamo) Ripafratta invoca, tuonando, punizioni esemplari (addirittura pugnalate, «uno stile nel cuore»), dà tra sé in smanie («Non posso più»), tenta di uscire di scena onorevolmente: «Conte, ad altro tempo mi troverete provveduto di spada». Ma Mirandolina lo sottopone alla prova del fuoco della «gelosia»: «Se il signor Cavaliere mi amasse, non potrebbe soffrire ch'io fossi d'un altro...». E quest'altro, l'altro, anzi, per definizione, è un essere socialmente inferiore, un cameriere, un servo, verso il quale Ripafratta non ha mai nascosto di provare un'istintiva, quasi fisica intolleranza (un «briccone» cui ha promesso, or non è molto, in III,16, di rompere «il cranio»).

Ripulsa sentimentale e vergogna sociale sono troppo per Ripafratta: ma la sconfitta è resa ancora più bruciante da Mirandolina, che, polemicamente, si degrada – da quella donna meritevole dell'«amore di un re», quale l'aveva, idillicamente, vagheggiata Ripafratta in III,6 – ad «una povera donna senza grazia, senza brio, incapace d'innamorar persone di merito». È su quest'ultima sottolineatura che scatta l'ira incontrollata, il delirio verbale di Ripafratta: ed è qui che Goldoni sfoga sul personaggio, per l'ultima volta, il proprio gusto del grottesco, costringendolo ad uscire di scena con una di quelle tirate baroccheggianti, involontarie parodie del tragico, che costituivano il vanto dei «giovani amorosi» della Commedia dell'Arte.

L'abnormità sociale di Ripafratta – il suo opporsi alle regole della civile convivenza in nome di un'assurda «selvatichezza», di un'illogica «misoginia» – trova il suo ultimo esito in un dettato stilistico abnorme rispetto al tono medio, domestico e prosaico, della commedia. Ripafratta esce di scena, insomma, come la caricatura, fuori tempo, di uno sconfitto eroe senechiano, col suo lugubre armamentario di pugnali nel seno e di cuori strappati. Ed è un'uscita cui nessuno degli astanti tenta, significativamente, di porre rimedio.

Scena diciannovesima

Ormai tutti gli occhi sono per Mirandolina e Fabrizio (Albafiorita ha già promesso il consueto donativo, Forlipopoli vorrebbe cavarsela con «dodici zecchini», barattando il conto d'albergo con il dono per le nozze). La prima (e Goldoni non manca di sottolinearlo sino all'ultimo) è ancora sgomenta per il pericolo passato («mi son messa ad un brutto rischio»), ma, con la consueta vitalità, vuol sistemare, prima che cali il sipario, la sua situazione matrimoniale:

«Fabrizio, vien qui, caro, dammi la mano». Il secondo è sul piede della rivalsa, psicologica e sociale («La mano? Piano un poco, signora»): ha visto in quale «maniera» sia finito Ripafratta, e vuole garanzie; ed altre ne esige, senza osare tuttavia esprimerle, per il suo passaggio da cameriere a «padroncino».

È qui che comincia quella commedia che non leggeremo e cui non assisteremo mai, del dopo-coppia: ma che sul suo svolgimento le previsioni di molti non fossero rosee lo dimostra il fatto che, in alcune traduzioni-adattamento di paesi stranieri, Fabrizio rifiutava le nozze con Mirandolina. Lo «scherzo», la «bizzarria», il «puntiglio» di lei hanno lasciato l'amaro in bocca al cameriere. Chi lo assicura che, «maritata», Mirandolina saprà come comportarsi?

Scena (ventesima e) ultima

Non più che un rapido congedo del servitore di Ripafratta, venuto a «riverire» la tanto ammirata albergatrice (ma sono queste rifiniture, nel caso specifico intinte di una melanconia rattenuta, il segno della superiore eleganza drammaturgica di Goldoni), offre a Mirandolina il destro per congedare i suoi due «protettori-spasimanti»: «Le supplico per atto di grazia, a provvedersi d'un'altra locanda».

Prima c'è stato quel matrimonio frettoloso (nelle commedie, ed ai tempi di Goldoni, ci si sposava, sulla parola, dandosi la mano). Fabrizio ha chiesto, finalmente, specifiche garanzie («Vorrei che facessimo prima i nostri patti»), ma dalla brusca impennata di Mirandolina («... o dammi la mano o vattene al tuo paese...») non ha saputo altro che spremere la promessa della debita fedeltà coniugale: «... non dubitare di me, ti amerò sempre, sarai l'anima mia».

Mentre Albafiorita e Forlipopoli si ritraggono, Mirandolina, pur con quel marito nuovo di zecca per mano, è fondamentalmente sola: il proposito di «cambiar costume» nell'atto stesso di mutar condizione sarà pur sincero, ma non cancella, retroattivamente, il «rimorso» di un'avventura, sentimentale e sociale, eccessiva («... e ho fatto male, e mi sono arrischiata troppo...»). «Di questi spassi non me ne cavo mai più»: c'è, in questa battuta, come un brivido freddo, il trasalimento di chi è uscito di norma, di chi ha infranto barriere psicologiche e morali: e sa che non potrà più dimenticarsene.

G.D.B.

Postfazione[*]
di Giorgio Strehler

Brecht e Goldoni rappresentano due punti fermi nel-l'ambito della mia ricerca teatrale. Per quelli che so-no i rapporti con la società del loro tempo, il senso del loro teatro nell'ambito dei problemi che il loro tempo proponeva, essi mi appaiono – se così posso dire – come una specie di punto di partenza e il pun-to di arrivo, il principio e la fine, l'alfa e l'omega di quel capitolo della nostra storia che si svolge all'inse-gna dell'egemonia borghese. Per questo essi sono nello stesso tempo vicini e lontani.

Postulato di questa ricerca è l'affermazione che nei grandi momenti della sua storia (che coincidono sempre con i grandi momenti della Storia), allorché il teatro è chiamato a significare l'urgenza di nuovi temi politici e sociali, questa presa di coscienza e la conseguente nascita di un nuovo umanesimo trova-no nel realismo il loro linguaggio più consono e na-turale. Ma questo linguaggio realistico non è «uni-co», non è un modo unico di esprimersi. Esso, anzi, può assumere formulazioni e formalismi diversi a

[*] Lo scritto qui riportato è tratto da: Giorgio Strehler, *Goldoni e Brecht*, in U. Ronfani (a cura di), *Goldoni vivo*, Presidenza del Consiglio dei ministri, Dipartimento per l'informazione e l'editoria, Roma 1994, pp. 375-80.

seconda della situazione contingente in cui viene a trovarsi; ma comune a tutte le sue formulazioni sarà sempre la metodologia del suo approccio con la realtà; la direzione in cui sollecita l'evoluzione sociale, il significato umanistico e storicistico del suo assumere «l'uomo politico» a misura di tutte le cose.

Di alcune analogie – senza troppo distinguere tra le semplici curiosità e le spie di significazioni più profonde – dirò brevemente.

Due tra i maggiori rivoluzionari della storia del teatro prendono le mosse da un'adesione al linguaggio preesistente, che nulla lascia prevedere della rivoluzione successiva. Brecht parte dall'espressionismo, Goldoni esordisce con una *Amalasunta* in tutto inquadrata nella dozzinale produzione tragica del tempo. Questa partenza ha un analogo significato metodologico: la riforma esige riflessione, maturità, tempismo; non ignora il passato, ma vi si fonda: non brucia le tappe: matura a poco a poco riassumendo nel proprio sviluppo quello della disciplina stessa che intende riformare.

Per ambedue, la cornice è una società colta in un momento di travaglio: per Goldoni il passaggio da un ordinamento e un costume borghesi; per Brecht il momento in cui il liberalismo emerso dall'Ottocento affronta nel nostro secolo la sua prima violenta crisi. Ma soprattutto si tratta di eventi in anticipo sulla tabella di marcia europea: per Goldoni, perché la Venezia del suo tempo realizza – sia pure su basi mercantili e non ancora industriali – la fondazione di una società borghese *ante litteram*, per Brecht perché la sua generazione è la prima a dover affrontare la scelta inattesa e drammatica tra libertà e dittatura, nei termini estremi e violenti in cui si è storicamente proposta.

Una mitica Cina si offre a Brecht come cornice ideale per una analisi di comportamenti non corruttibile da elementi accessori che potrebbero sviare la capacità critica e analitica del pubblico, portarlo a esercitare una (anche) inconscia funzione censoria sui significati che da quell'analisi emergono. Anche Goldoni afferma di dover superare il pericolo di un'automatica censura – «rimozione» potremmo dire più modernamente – ove si arrischi a diagnosi troppo sgradite per il suo pubblico: espressamente dichiara di usare a questo scopo ambientazioni che gli permettano un più rigoroso discorso, e colloca una delle sue più critiche commedie – *Le femmine puntigliose* – in una Palermo non meno lontana e mitica della Cina di Brecht, e in cui è consentita la stessa analisi rigorosa, lo stesso discorso critico ed estraniante dei comportamenti sociali che gli interessano.

Ovviamente il senso sovrannazionale è diverso nei modi, ma anche equivalente in Goldoni e in Brecht – direi – per significato metodologico e ideologico. Nel caso di Brecht è testimoniato tra l'altro – come indizi accessori ma non irrilevanti – dalla varia provenienza nazionale delle fonti ispiratrici, dalla varietà dell'ambientazione, dalla *lezione* che è lezione di dinamica sociale evidentemente non limitata alla nazione tedesca. Nel caso di Goldoni – che pure pare ed è così legato al proprio ambiente veneziano – concorre a determinare il senso europeo, classista e perciò stesso sovrannazionale, la particolare condizione di Venezia, e quell'ascesa della nuova borghesia mercantile con cui Goldoni identificava la propria ideologia morale e politica. Condizione di Venezia simile a quella delle città della lega anseatica, prima fra tutte Amburgo, dove non a caso operò Gotthold Ephraim Lessing, un altro dei fondatori del teatro borghese, assieme al parigino Diderot – che non a caso si ispirò a Goldoni –, al londinese Lillo, autore di quel *Mercante di Londra* che segna la nascita del teatro borghese in Inghilterra. Proprio là dove un secolo prima Shakespeare aveva scritto il *Mercante di Venezia*: il cerchio pare completarsi in questo rapido giro d'Europa da Venezia a Venezia con una serie di coincidenze che – come sempre nella storia – sono frutto di ben altro che del caso o della bizzarria.

L'analogia prosegue, anche se – come sempre – nella diversità della cornice e dei modi. Antagonisti di Brecht furono il teatro dell'espressionismo individualistico, l'esasperato ed esteriore naturalismo, la presuntuosa ed evasiva verbosità della cultura estetizzante. Antagonisti del Goldoni furono del pari l'individualismo arbitrario delle invenzioni del Gozzi, la invalsa volgarità delle maschere – Goldoni non uccise le commedie dell'arte, le trovò ormai morenti –, l'estetismo frivolo del melodramma metastasiano e degli stanchi epigoni italiani di Racine e Corneille. Strumenti della polemica furono sempre per ambedue il confronto con la realtà, la chiarezza diagnostica, la capacità di analisi, la scientificità del raccontare fatti e significati di fatti: una scientificità che è analisi semplicemente «onesta» del tessuto sociale. E coraggio delle conclusioni.

E in tema di conclusione, un'ultima analogia emerge se appena liberiamo nel Goldoni il nucleo drammaturgico essenziale dalle sovrastrutture imposte dagli usi e dalle convenzioni del suo tempo. Un singolare paragone può essere fatto sulla metodologia che conduce alla conclusione finale niente meno che di *L'eccezione e la regola* di Brecht e di una delle commedie goldoniane più interessanti da un punto di vista ideologico: la *Pamela*: storia di una virtuosa fanciulla di umili origini che può sposare un nobile cavaliere solo dopo che una puntuale agnizione prova che anch'essa è di sangue blu. La *Pamela* è tratta da un romanzo dell'inglese Richardson che tra il 1740 e il 1750 ebbe innumerevoli riduzioni teatrali in tutta Europa a opera fra gli altri di Voltaire e di La Chaussée, a prova dell'importanza emblematica che il suo tema ebbe per la cultura dell'illuminismo e per i rapporti tra la nobiltà e la nascente classe borghese.

L'eccezione e la regola – come è noto – termina con una conclusione a sorpresa: un rovesciamento dialettico del ragionamento e della conclusione a sorpresa: un rovesciamento dialettico del ragionamento e della conclusione preparata dal processo e logicamente attesi dal pubblico. Nella *Pamela*, l'agnizione finale che il Goldoni conserva – un poco per rispetto dell'originale inglese, un poco per ossequio a quel lieto fine a cui tante volte si piega con malcelata insofferenza lo stesso Molière – non può far velo a quella che è la conclusione vera e ragionata della storia: conclusione che è anche qui il capovolgimento dialettico, improvviso e sorprendente, della conclusione più logica e attesa, e cioè del matrimonio tra Pamela e il cavaliere, in nome di quella uguaglianza che l'illuminismo predicava al di là dei blasoni e dei vantaggi della nascita. Questo matrimonio è rifiutato da Goldoni: la conclusione arriva a sorpresa, dopo che tutto il testo riecheggia i princìpi illuministici dell'uguaglianza fra gli uomini, dell'importanza del «merito» rispetto ai «titoli», delle virtù umane e morali rispetto a quelle fortune che possono essere frutto del caso, della terrena ingiustizia e via dicendo. La sentenza di Goldoni pare pronunciata dal giudice di Brecht: il matrimonio non s'ha da fare, perché non è vero che nella Venezia o nella Londra del Settecento il merito individuale superi le differenze di classe,

perché i princìpi dell'illuminismo, per quanto nobili
e suggestivi, non trovano riscontro nella pratica, perché anche per Goldoni – in ultima analisi – il mondo
vigente non è quello della libertà, ma quello della necessità.

Questi raffronti, che possono anche sembrare quasi
paradossali – e che sono di carattere per lo più metodologico – introducono alla fine l'analogia più ardua e
affascinante: quella cioè del carattere fondamentalmente e inequivocabilmente realistico della *cifra* stilistica del teatro goldoniano e brechtiano. Mi limiterei
a definire l'espressione «cifra stilistica» come il «tono», il «carattere», il «colore» del *ghestus*, a sua volta
inteso come insieme di parola, ritmo, mimica e immagine: la cellula, insomma, fondamentale del fatto
teatrale realizzato sul palcoscenico. È il «tipico» punto di partenza e di arrivo di ogni arte realistica, quella
tipicità schematica che illustra meglio d'ogni altra il
trasferimento nel mondo dell'arte della realtà dialettica della vita. I grandi poeti fuori del teatro e nel teatro
hanno in sommo grado questa capacità e il lontano
Goldoni – spesso poco capito e poco rettamente interpretato – e il vicino Brecht – spesso troppo rinchiuso
nei limiti di un «teatro politico» e corredato dunque
di infantilismo e di schematismo – non sfuggono a
questa legge.

Li accomuna qualcosa che va al di là del modulo
estetico o stilistico: la viva, profonda curiosità e capacità di «fare teatro» legata alla molteplice realtà
della vita che intorno a loro passa – e di concepire il
«teatro» non come luogo immobile, ma come luogo
di una dinamica storica che si muove con personaggi
totalmente umani e perciò stesso ricchi, contraddetti,
veri, che offrono al pubblico una specie di astratto
modello del vivere ed essere in rapporto con i propri

simili nella parte di storia che a ciascuno è dato di vivere.

È quest'arte, questa visione dell'arte, il patrimonio delle nostre rivolte europee che si sta facendo – nonostante tutto – sempre più una cosa sola. A questo dobbiamo tendere: un'arte umana in un mondo più umano, più giusto e più solidale.

Ogni gesto teatrale – così come ogni *evento* in poesia o nelle arti figurative – si compone di notazioni che possiamo distinguere, sotto il profilo che qui ci interessa, a seconda del loro significato o semplicemente o restrittivamente individualistico, o esemplare di significati generali astrattamente affermati. Tutta la storia della letteratura e dunque anche del teatro può essere rinarrata seguendo il prevalere dell'uno o dell'altro aspetto nel personaggio, nella scenografia, nella scrittura drammaturgica; e potremmo distinguere un massimo di notazioni particolaristiche nella letteratura del naturalismo, e un massimo invece di notazioni generalizzanti nella letteratura del simbolismo; nel primo caso il valore gestuale dell'evento teatrale corre il rischio di non sollevarsi al di sopra del particolare caso che illustra, di rimanere legato alla cronaca e di non acquistare utili significazioni didascaliche; nel secondo caso il valore puramente simbolico corre il rischio di astrarsi da ogni riconoscibile e tangibile realtà e di risultare – per eccesso di pretese – altrettanto sterile e inutilizzabile da un punto di vista conoscitivo e pratico.

Nell'arco delle possibilità che nascono invece dalla fusione e dall'accordo di questi contrapposti elementi si pone il concetto eminentemente realistico del «tipico»: tipici sono il personaggio, la battuta drammaturgica, la situazione teatrale, la componente scenografica che fanno leva su una riconoscibile realtà, anche documentaria, per assumere più vaste significa-zioni sociali e storiche; tipico è il personaggio che né si esaurisce nelle connotazioni individualistiche, personali, nei tic nervosi del caso limite, né si pone al di là del documento spogliandosi di ogni tratto individualistico per assumere il senso di un postulato metastorico. Il passaggio dall'uno all'altro estremo, questa altalena entro i poli dell'esasperazione naturalistica e della rarefazione simbolistica, è sempre manifestazione di crisi, di corruzione di una cultura, di stanchezza ideologica, di smarrimento di accordo tra individuo e società. Sempre, quando può sembrare che la crisi raggiunga limiti intollerabili, qualcosa avviene per cui – sulla base di un rinnovamento della ideologia sociale – anche la letteratura restaura l'equa nozione del tipico, la voce e lo stile, la «morale» del realismo; che altro non è che il ritrovamento di un equilibrio dell'altalena che minacciava di andare troppo in là e – sul piano storico – l'affermazione di nuove più attuali verità, di una nuova fiducia, la scoperta di un nuovo terreno su cui porre saldamente piedi e fondamenta.

La storia delle riforme che Goldoni e Brecht – nelle modalità caratteristiche e consone ai tempi loro – hanno operato sul teatro, non è altro che la faticosa affermazione di un rinnovato realismo, la restaurazione della nozione del «tipico». Questa conquista si realizza con un procedimento dialettico che prende le mosse, come abbiamo visto, dalla situazione preesistente, la nega rigorosamente, e costruisce sulla *tabula rasa* così creata un nuovo e giusto equilibrio, un nuovo punto d'appoggio. Sotto questo profilo il procedimento goldoniano, che obbliga le sfrenate maschere all'intima contraddizione di un testo scritto e precisamente formulato, corrisponde perfettamente al passaggio brechtiano dall'anarchia individualistica dell'espressionismo al rigore epico (e cioè *narrativo*) dei drammi didascalici: in ambedue i casi si tratta di passaggi intermedi, limitativi del discorso, o – meglio – non ancora esplicativi di tutte le sue possibilità: quando Goldoni spoglia le maschere dei loro costumi e ne ritrova l'equivalente nella realtà sociale del suo tempo, e fa di Arlecchino non più *il* servo in astratto ma *un* servo, o – per l'appunto – il tipico servo del suo mondo, e di Pantalone non più *il* mercante, ma *un* mercante con nome e cognome concreti, anche Brecht supera la schematicità didascalica del *Lehrstück* per ridare ai personaggi e a ogni altra componente del fatto teatrale quella più completa struttura che nasce appunto dalla fusione di connotazioni individuali, personali, psicologiche e dalla possibilità di ravvisare in quelle connotazioni precisi significati e riferimenti a più ampie realtà storiche e sociali.

Quel «teatro dialettico» che alcuni scritti teorici e vari testi di Brecht adombrano dopo il 1940 è essenzialmente in questa affermazione del concetto di tipico, in questa restaurazione di un'analoga riforma: essa si accompagna a una presa di coscienza morale e sociale che appartiene al comune patrimonio dei tempi loro: due verità che stanno tra loro – se così vogliamo – come Einstein sta a Newton nell'ambito delle scienze fisiche; e che hanno in comune quel carattere metodologico, quel rapporto con la società, quella *funzione* rivendicata all'arte, che abbiamo cercato di definire essenzialmente come: affermazione del realismo. Realismo per l'affermazione dell'umano.

Indice